鹿児島古寺巡礼

島津本宗家及び重要家臣団二十三家の由緒寺跡を訪ねる

写真・文　川田達也
系図監修　野田幸敬

南方新社

まえがき

「鹿児島には古寺がない」

このことに気づいている人がどれくらいいるだろうか。気づくどころか気にもしていない人が大多数かもしれない。

私が気づいたのは京都で過ごした学生時代だった。初めて京都に足を踏み入れたとき、その街並みの美しさや文化の豊かさに同じ日本でありながらカルチャーショックを受けた。元々興味があったこともあり、以降有名無名に関係なく京都さらには奈良や滋賀の古寺・古社をひたすら巡った。そしていつの頃だったか、きっかけすらも覚えていないが、ふと一つの疑問が頭に浮かんだのである。昔から神社仏閣が好きだったのに、なぜ地元の古寺に行った記憶がないのか。その答えが「廃仏毀釈」だった。細かい説明は省くが、幕末から明治にかけての神仏分離・廃仏毀釈という出来事によって鹿児島からお寺が消滅したというのだ。なるほど行った記憶がないはずである。私が生まれる約百二十年前には既に鹿児島から古寺が消えていた。

廃仏毀釈で廃された寺院数は千六十六ヶ寺とされる。その中で私が初めて訪れたのが島津本宗家の菩提寺「福昌寺」の跡である。当初は興味本位で訪れただけであったが、そこに広がる魅力的で豊かな石の文化に衝撃を受けた。怪しく光る黄色い墓塔（歴代当主の墓塔）に立派な石灯籠の数々。そしてそれらが醸し出す雰囲気。全てが美しかった。それまで鹿児島は文化に乏しいと思い込んでいたがそうではなく、私が気づいていないだけだったのだ。まさか鹿児島でカルチャーショックを受けるとは。

かつての古寺は福昌寺のように史跡に指定されていたり、神社や学校になっていたりする。しかし、それらはかつての有力寺院に限ったことで、ほとんどの跡地が一般の墓地となっている。時代の流れでその墓地すらも廃れ、多くの石造物と共に埋もれ始めているのが現状だ。貴重な歴史資料であり、何より当時の人々の生きた証が今にもなくなってしまいそうなのである。それは文化の消失をも意味する。消えゆく光景を見るたび廃仏毀釈は過去の出来事ではなく、現在進行形なのだと思ってしまう。

これまでに多くの古寺の跡を、供養の意味も込めて巡り、写真を撮ってきた。初めは石仏の表情や石造物の形がどれも同じに見えたが、次第にそれぞれ色があり、さらに各地域で独自に発展していることに気づいてきた。そこには京都や奈良のものにはない独特な表情や雰囲気、そして生々しさがある。これらの石造物は何気なくそこにいる。一切主張してこない。その「何気なさ」にどれだけの人が気づいてくれるか。それが鹿児島の古寺の今後を左右すると言えよう。最近インターネットなどで古寺跡を紹介している記事を見かけるようになった。「鹿児島の古寺」という文化を広める上で非常に頼もしい存在だ。

本書には多くの古寺の中から、島津本宗家と「私領主」と呼ばれる島津一族及び重臣、さらに支藩とされる佐土原藩の佐土原島津家を加えた二十三家の菩提寺、墓所の写真を掲載した。それぞれには解説と略系図を付してある。古寺跡に辿り着けるように地図も掲載した。なおこれらの古寺跡はほぼ全てが県や各市町指定の史跡となっており、規模も大きいため比較的訪れやすい。

先にも述べたように、古寺の跡は本当に美しい。そしてそこに残る豊かな文化や歴史は非常に魅力的だ。本書はそれらを伝え、存在に気づいてもらうことに主眼を置いている。廃仏毀釈を批判し、その悲惨さを伝えるためではない。本書を通じて少しでも多くの人が鹿児島にあった古寺や歴史に興味を持ち、さらには現地を訪れていただけると幸いである。

最後に、この本を出すきっかけを作っていただいた永吉南郷会顧問の本田哲郎さん、家系図などの膨大な資料を提供してくださった野田幸敬さん、出版を引き受けていただいた南方新社社長の向原祥隆さん、そして古寺跡を守ってくださっている全ての方々に深く感謝申し上げたい。

二〇一八年八月

川田達也

鹿児島古寺巡礼——もくじ

■島津一族略系図

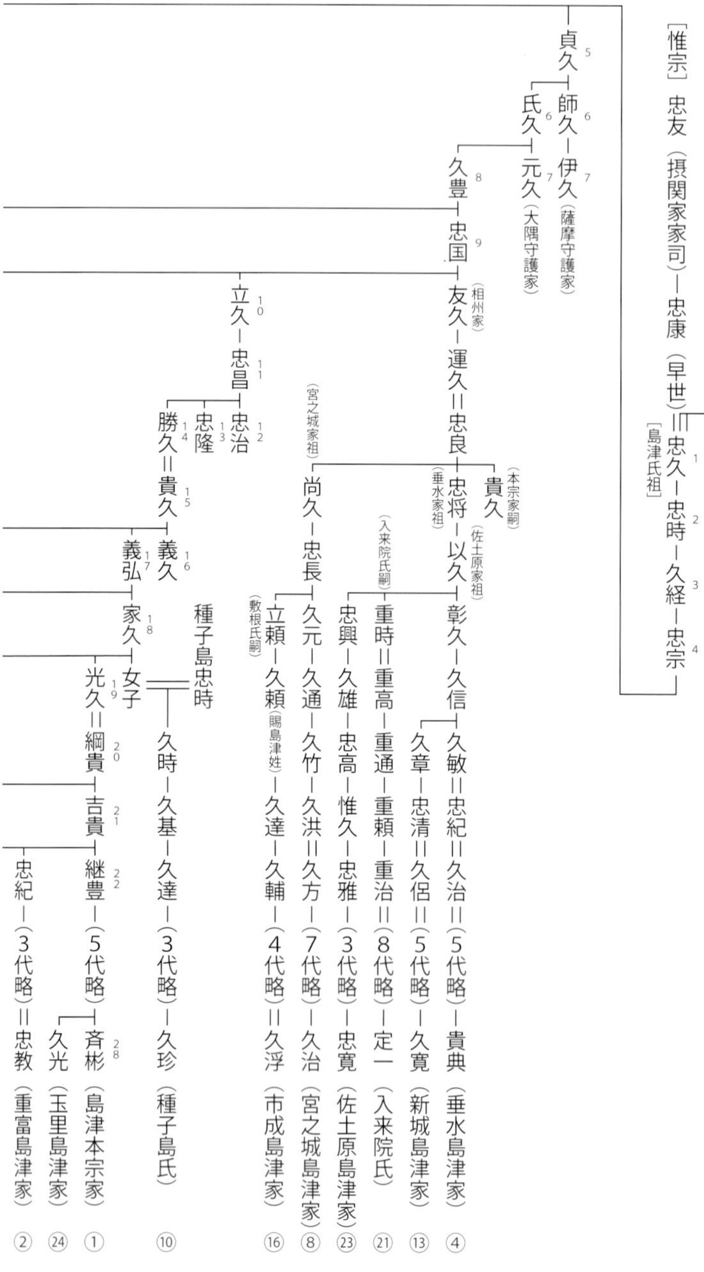
[惟宗] 基言―広言
[惟宗] 忠友（摂関家家司）―忠康（早世）＝忠久 1 [島津氏祖]―忠時 2―久経 3―忠宗 4
貞久 5―師久 6―伊久 7（薩摩守護家）
氏久 6―元久 7（大隅守護家）
久豊 8―忠国 9―友久（相州家）―運久＝忠良―貴久（本宗家嗣）
立久 10―忠昌 11―忠治 12
忠隆 13
勝久 14＝貴久 15―義久 16
義弘 17―家久 18―光久 19＝綱貴 20―吉貴 21―継豊 22―（5代略）―斉彬 28（島津本宗家）①
久光（玉里島津家）㉔
忠紀―（3代略）＝忠教（重富島津家）②
女子＝種子島忠時―久時―久基―久達―（3代略）―久珍（種子島氏）⑩
忠将（垂水家祖）―以久（佐土原家祖）―彰久―久信―久敏＝忠紀＝久治＝（5代略）―貴典（垂水島津家）④
久章―忠清＝久侶＝（5代略）―久寛（新城島津家）⑬
重時（入来院氏嗣）＝重高―重通―重頼―重治＝（8代略）―定一（入来院氏）㉑
忠興―久雄―忠高―惟久―忠雅―（3代略）―忠寛（佐土原島津家）㉓
尚久（宮之城家祖）―忠長―久元―久通―久竹―久洪＝久方―（7代略）―久治（宮之城島津家）⑧
立頼（敷根氏嗣）―久頼（賜島津姓）―久達―久輔―（4代略）＝久浮（市成島津家）⑯

忠郷＝（3代略）＝忠剛（今和泉島津家）⑤

久儔―久尚―（3代略）＝久誠（花岡島津家）⑦

忠朗―久薫＝久季＝久門―（4代略）―久長（加治木島津家）③

重永（禰寝氏嗣小松氏祖）―清雄＝清純―（5代略）―清猷（吉利小松氏）㉒

女子〓肝付兼屋―久兼―兼柄―兼達―（3代略）―兼喜（喜入肝付氏）⑳

忠清（佐志家祖）＝久近＝久岑＝久當＝（4代略）―久照（佐志島津家）⑭

歳久（日置家祖）＝忠隣―常久―久慶＝忠朝―（7代略）―久徴（日置島津家）⑥

家久（永吉家祖）―豊久＝忠栄＝久雄―久輝―（6代略）＝久陽（永吉島津家）⑪

忠弘＝頼久＝忠誉―忠俊―季久（号喜入氏）―久道＝忠続―忠高＝忠長―（7代略）―久通（鹿籠喜入氏）⑱

季久（豊州家祖）―忠廉―忠朝―忠広＝忠親―朝久―久賀―久守―久邦＝久兵―（4代略）―久寶（豊州島津家）⑮

忠光（号佐多氏）―忠直―氏義―親久―忠遊―忠山―忠和―忠成―（7代略）＝久達（賜島津姓）―久豪―（3代略）―久福（知覧島津家）⑫

資久（号樺山氏）＝音久―教宗―孝久―満久―長久―信久―善久―忠助―規久＝久高―久守―久辰＝（10代略）―久要（藺牟田樺山氏）⑲

資忠（号北郷氏）―義久―久秀＝知久―（5代略）―時久―忠虎―（5代略）＝忠長（賜島津姓）―久理―（5代略）―久本（都城島津家）⑨

三久（平佐北郷氏祖）―久加―久精―忠昭＝久嘉＝久英＝（6代略）―久信（平佐北郷氏）⑰

○○家…島津名字の分家
△△氏…他名字の他姓家臣

実線（―）実子
二重線（＝）養子
横二重線（〓）夫婦関係

■薩摩藩家臣団配置図

—嘉永五年（1852）における—

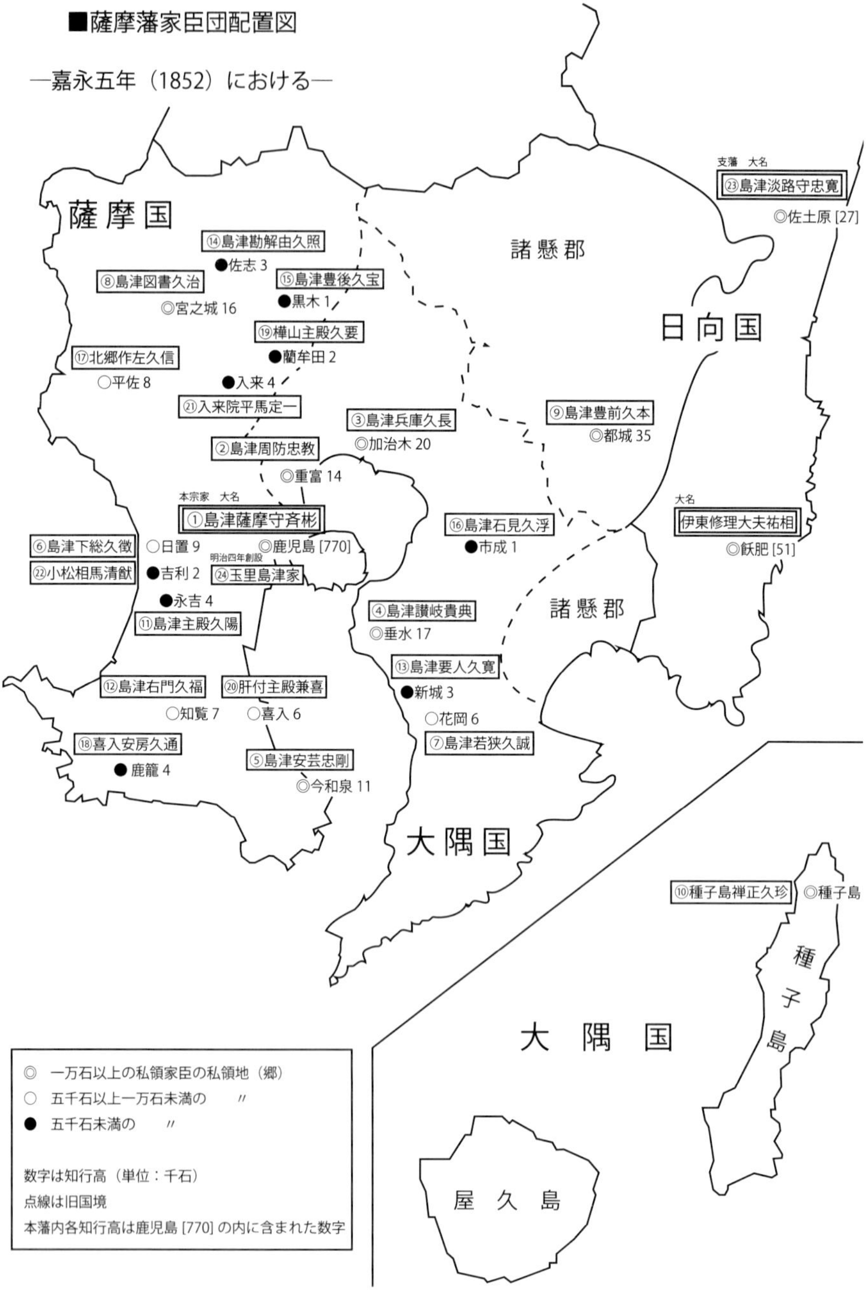

鹿児島古寺巡礼

―島津本宗家及び重要家臣団二十三家由緒寺跡を訪ねる―

1 福昌寺【島津本宗家】

島津本宗家は鎌倉時代から明治時代にかけてのおよそ七百年もの間、南九州に君臨し続けた島津氏の本家である。初代忠久《ただひさ》が文治二年（１１８６）源頼朝から鎮西島津荘《ちんぜいしまづのしょう》の下司《げし》に任命されたことに始まり、建久八年（１１９７）には薩隅日三州の守護に補任。さらに翌年に左衛門尉《さえもんのじょう》にも任ぜられ、この頃から島津姓を名乗った（文書では「嶋津」）。ただし本格的に薩摩に土着したのは五代貞久《さだひさ》以降である。

島津氏がこれほど長く統治できた要因としてまず歴代守護、藩主共に名君が多かったことが挙げられる。「島津に暗君なし」と言われ、一時九州の大半を手にした十六代義久や敵中突破で知られる十七代義弘といった武将や、二十五代重豪《しげひで》、二十八代斉彬《なりあきら》という日本の近代化の門戸を開いたとされる藩主が現れた。また京や江戸から離れていたことに加え、領地に良港が多く他国との交易が容易であるという地理的要因もあった。さらに大きな戦の後に敵味方なく両軍の兵を供養し「六地蔵塔」を建立するといった精神性も要因とされる。鹿児島の文化や信仰にも大きな影響を与えており、十九代光久が造営を開始した仙巌園《せんがんえん》や二十一代吉貴が寄進した霧島神宮社殿などが現在も残る。

島津本宗家菩提寺は玉龍山福昌寺《ぎょくりゅうざんふくしょうじ》。宗派は曹洞宗。開山石屋真梁《せきおくしんりょう》。南九州屈指の寺院で大伽藍を有していた。広大な跡地に六代以降の島津氏当主の墓塔が並んでいる。当主の墓塔には「山川石」という淡い黄色をした石が使用され、そのほとんどが宝篋印塔《ほうきょういんとう》と呼ばれる美しく立派な物である。しかし島津氏が内紛により不安定であった六代から十四代までの墓塔はいずれも小ぶりである。奉納灯籠や住持の墓が多数存在し、周囲には多くの摩崖仏《まがいぶつ》も見られる。初代忠久から五代貞久の墓所は鹿児島市清水町の本立寺《ほんりゅうじ》跡及び出水市野田の感応寺《かんのうじ》。忠義以降の墓所は常安峯《とこやすみね》墓地にある。

【略系図】
（二十二代以降）

継豊(22)─┬─宗信(23)
　　　　　└─重年(24)─重豪(25)─斉宣(26)─斉興(27)─┬─斉彬(28)＝忠義(29)─忠重(30)─忠秀(31)─修久(32)─忠裕─忠慶
　　　　　　　　　　　　　　　　　　　　　　　　　　└─久光─忠義

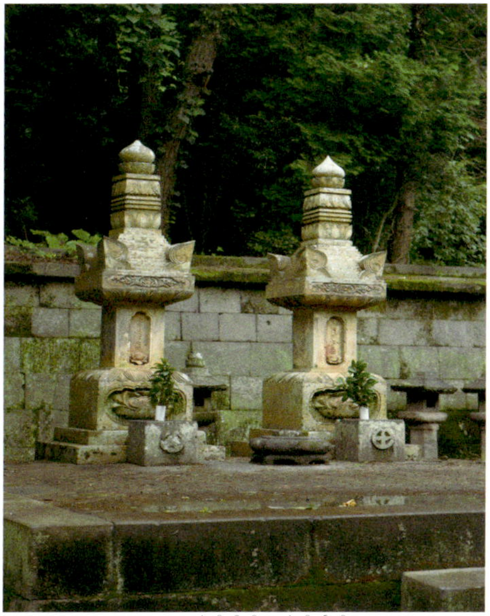

右：二十八代島津斉彬　文化六年《1809》～安政五年《1858》

静寂の中に歴代当主の墓塔が並び、その淡い黄色が墓所内に光彩を放っている。伽藍などは廃仏毀釈により失われたが、この地に染みついた禅寺の雰囲気は今も失われていない。

二十五代島津重豪　延享二年《1745》～天保四年《1833》

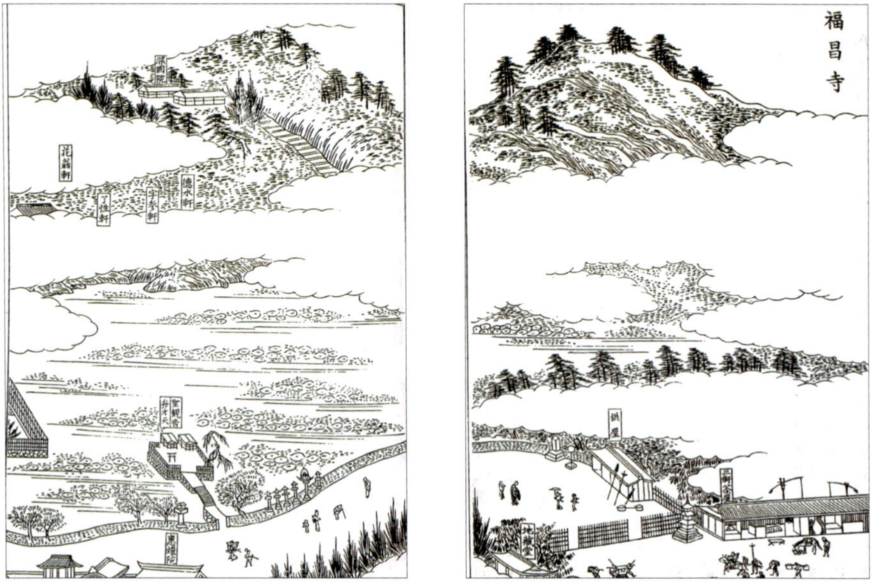

福昌寺門前（『三国名勝図会』）

正面大階段

福昌寺伽藍（『三国名勝図会』）

島津本宗家墓所「福昌寺跡」

六代氏久・師久、八代久豊～十四代勝久墓所

七代元久、十五代貴久～十七代義弘墓所

ザビエルと交流のあった忍室和尚

西郷・大久保に禅を教えたとされる無参和尚

住持墓群

摩崖天神「菅神廟」 延宝六年《1678》造立

三尊摩崖仏

鏡石巌：当時は白く塗られていたという。「華屋妙蓮大姉」という戒名が刻まれている。

初代忠久～五代貞久墓所「五廟社」（出水市野田の感応寺）

二十九代忠義以降の島津本宗家墓所「常安峯墓地」

2 紹隆寺【重富島津家】

重富《しげとみ》島津家は一門家筆頭の分家である。「一門家」は「御一門《ごいちもん》」とも呼ばれ、本宗家が断絶した際に跡継ぎを出すことのできる四つの分家の総称。元文三年（1738）に新設された。

重富家は「越前島津家」とも呼ばれる。越前家は島津氏初代忠久の二男忠綱《ただつな》が守護代として越前の足羽山城《あすわやまじょう》を築いたことに始まる。この越前家は鎌倉幕府の御家人として『吾妻鏡《あづまかがみ》』にたびたび登場する。四代忠信《ただのぶ》は後醍醐天皇が鎌倉幕府打倒のために起こした元弘の乱で六波羅探題《ろくはらたんだい》北条仲時の出陣要請を受け、千五百騎を従え出陣。播磨《はりま》の赤松円心と戦い、多くの天皇方の兵を討ち取ったと記録されている。しかし結局鎌倉幕府方は敗北。その後播磨に移っていった二男家を頼り、越前から播磨へ移った。越前島津家に関しては『越前島津家文書』が現存している。

播磨の島津家十五代忠長が朝日山の合戦で戦死した後、十六代忠之《ただゆき》の妻は系図と文書を携え大隅鹿屋に至る。その後この系図が新城島津家、垂水島津家の手を経て本宗家の元に渡った。本宗家二十一代吉貴《よしたか》がこの系図を採用し、二男である忠紀《ただのり》が名跡を継承。帖佐郷から一部を分け、越前の旧領地名「重富保《しげとみのほ》」から名をとった「重富郷」とし、重富島津家が創設された。この際、越前家が幕府の正式な御家人であったことを受け、重富家は本宗家に次ぐ一門家筆頭とされたのである。

重富島津家菩提寺は吉祥山三祖院紹隆寺《きちじょうざんさんそいんしょうりゅうじ》。宗派は臨済宗。開山郭心和尚。跡地は重富家歴代領主の墓所となっている。同地には現在も紹隆寺があるが宗派は曹洞宗で永平寺《えいへいじ》の末寺である。これは廃寺となっていた紹隆寺を昭和六十一年（1986）、本宗家三十二代修久《のぶひさ》氏らの発願で大本山永平寺鹿児島出張所として再興したものである。

【略系図】

本宗家初代忠久公二男 忠綱┬忠氏―忠光―忠信―忠胯（越前島津家）
（播磨島津家）└忠行―（13代略）……（再興）忠紀―…
播磨布施郷地頭

二十一代吉貴公二男 忠紀┬忠救―忠貫―忠公＝忠教（久光）―忠鑑―壮之助―忠彦＝晴久―教久
賜重富 └久倫―久遠（二男家）

重富六代忠鑑（珍彦）　天保十五年《1844》～明治四十三年《1910》

重富初代忠紀　享保十九年《1734》～明和三年《1766》

重富（越前）島津家墓所「紹隆寺跡」

3

能仁寺【加治木島津家】

加治木《かじき》島津家は寛永八年（1631）島津義弘の跡目として孫の忠朗《ただあき》に一万石と家臣三百七十余人を付け設けられた分家である。垂水家と並び「一門家」に名を連ねその筆頭であったが、重富島津家が創設されると筆頭は重富家とされた。加治木家からは二人が本宗家を継いでおり、加治木家四代久門《ひさかど》が本宗家二十四代重年《しげとし》に、五代久方《ひさかた》が二十五代重豪《しげひで》となっている。

重年及び重豪にはそれぞれに著名な家老がいた。重年に仕えたのは平田靱負《ゆきえ》である。平田は「宝暦治水」と呼ばれる木曽三川の治水事業の総責任者として功績をあげた。ところが平田はその後すぐに亡くなる。これは治水事業で藩に非常に大きな負債をもたらしたことの責任をとり自害したとされている。そして重豪に仕えていたのが調所広郷《ずしょひろさと》である。重豪に財政改革を任された調所は、孫の斉興《なりおき》の時代に天保の藩政改革を成功させ財政の再建に成功。これが明治維新の原動力の一つとなった。しかし「お由羅騒動」の際に密貿易の責任をとり、平田と同様に自害した。平田靱負の屋敷跡は「平田公園」として整備されているが、実はその道路向かいに調所広郷屋敷跡もある。単なる偶然であろうが、不思議な縁である。

加治木島津家菩提寺は僊島山能仁寺《せんとうざんのうにんじ》。宗派は曹洞宗。開山義堂良忠和尚。跡地は加治木家歴代領主墓所となっている。ただし二代久薫《ひさただ》は加治木の長年寺跡、重年及び重豪は本宗家菩提寺である福昌寺跡が墓所となっている。墓所入口の横にある小さな祠に容姿端麗な千手観音の石仏が安置され、また国道十号線を挟んだ小高い丘には歴代住持墓が並んでいる。

【略系図】

本宗家十八代 家久公二男

1 忠朗－2 久薫＝3 久季－4 久門（重年）－5 久方（重豪）＝6 久徴 兵庫－7 久照 兵庫＝8 久徳 内匠－9 久長 兵庫－10 久宝 兵庫＝11 久賢－12 久英＝13 義秀－久崇（加治木島津兵庫家）

（二男家）久歓－久寿－久籌－久直－久芳＝久敬－久平＝久誠［村橋］＝久富－直七－久雄－久昭（加治木島津二男家島津主右衛門家）

［村橋］久昌－久峯－久風＝久峻－久柄－久成－定太郎（寄合並村橋左膳家）

石段

美しい石段が来訪者を加治木家墓所へと導いてくれる。この場所は能仁寺境内の北の端であったという。
真上の国道十号線を絶えず車が行き交っているが、不思議と五月蝿さを感じない。

加治木島津家歴代墓所「能仁寺跡」

右：初代島津忠朗　元和二年《1616》～延宝四年《1676》

調所広郷（福昌寺跡）　安永五年《1776》～嘉永元年《1846》

前：二十五代重豪　後ろ：二十四代重年（福昌寺跡）

歴代住持墓

能仁寺跡の千手観音像

４　心翁寺【垂水島津家】

垂水島津家は初代島津忠将《ただまさ》に始まる。兄である貴久の薩隅日三州統一を目指す数々の戦に参加し、常に最前線で戦い多くの軍功を挙げた。岩剣城《いわつるぎじょう》の戦いにおいて日本史上で初めて鉄砲を本格的に実戦投入したとされる。初陣以降一度も負け無しであったと伝わる忠将は肝付氏との福山廻城《めぐりじょう》の戦いにおいて唯一の敗北を喫し、それが最期となった。家督を継いだ二代以久《ゆきひさ》は本宗家十六代義久の九州統一戦に参加し、天正六年（１５７８）の耳川の戦いでは大きな武功を挙げた。慶長四年（１５９９）に垂水を賜り移ったが、慶長八年（１６０３）に徳川家康より佐土原三万石を拝領されたことにより移住した。その後垂水の地を継承した四代久信が慶長十六年（１６１１）年に林之城《はやしのじょう》（現・垂水市立垂水小学校）を築き、垂水城より移住。この時に建てられた建造物である「お長屋」が垂水小学校の正門横に現存している。一部改築されてはいるものの鹿児島県内に残る唯一の城郭遺構として大変貴重である。元文三年（１７３８）九代貴儔《たかとも》の時代には一門家に列せられた。貴儔は銃の扱いが上手く、本宗家二十五代重豪の指南役を務めるほどであった。それを偲んでか火縄銃を模した灯籠が貴儔の墓前に奉納されている。鹿児島城下に広大な屋敷があり、現在は鹿児島県民交流センター県政記念公園となっている。垂水家は諸事情により断絶状態である。

菩提寺は宝厳山心翁寺《ほうごんざんしんおうじ》。宗派は曹洞宗。開山松堂会龍和尚。跡地は垂水島津家歴代領主墓所となっている。各領主に奉納された多くの六地蔵塔が残り、中でも七代久治《ひさはる》が六代忠紀《ただのり》のために奉納した塔の大きさと刻字は見事。初代忠将と三代彰久《てるひさ》の墓所は霧島市国分の楞厳寺《りょうごんじ》跡。しかし太平洋戦争時の空襲により墓塔が破壊され、現在は案内板が立つのみである。二代以久の墓所は佐土原の高月院。

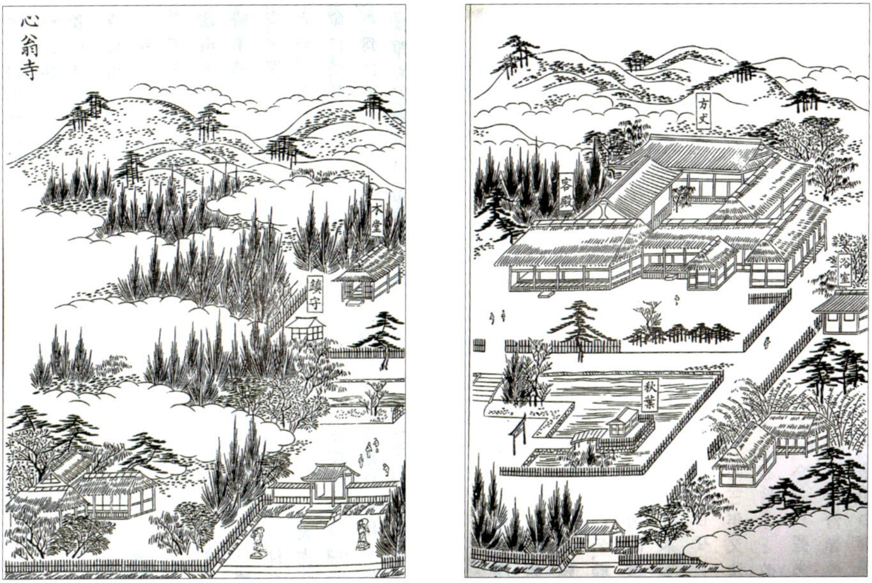

心翁寺伽藍（『三国名勝図会』）

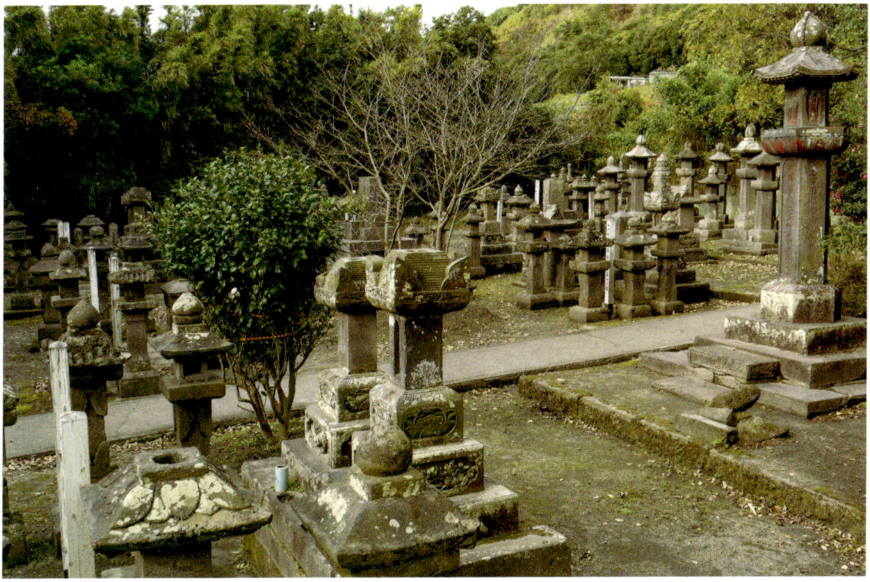
垂水島津家墓所「心翁寺跡」

七代久治寄進の大六地蔵塔　正保四年《1647》造立

九代貴儔墓前 火縄銃灯籠（銃部欠損）　寛政三年《1791》奉納

心翁寺跡の六地蔵塔群

県内唯一の城郭遺構「お長屋」　慶長十六年《1611》造営　鹿児島県指定有形文化財

初代忠将、三代彰久の墓所跡（霧島市国分清水の楞厳寺跡）

5

光台寺【今和泉島津家】

今和泉《いまいずみ》島津家は本宗家四代忠宗の二男忠氏《ただうじ》（実忠《さねただ》）が出水の地頭となり「和泉」姓を名乗ったことに始まる。実忠は足利尊氏の直臣として合戦に参加し、博多を拝領する。その後しばらく豊後に住していたが、四代久親《ひさちか》が本宗家六代氏久の取り計らいにより志布志に招かれ、薩摩へ戻った。本宗家と伊集院頼久《よりひさ》の間で争いが起こると、五代直久は弟の忠次とともに本宗家方として参加。しかし川辺平山城の戦いで共に戦死し、この時直久に世継ぎがいなかったことで和泉家は断絶した。それからおよそ三百三十年後の延享《えんきょう》元年（1744）本宗家二十一代吉貴が息子である忠郷《たださと》に和泉家の名跡を継ぐよう命じ「今和泉」として再興され、同時に一門家に列せられた。

今和泉家の人物で最も著名なのが篤姫《あつひめ》であろう。十代忠剛《ただたけ》の長女として生まれ、幼名は於一《おいち》。「篤」の名は徳川将軍家十一代家斉《いえなり》の御台所《みだいどころ》で、島津本宗家二十五代重豪《しげひで》の娘である広大院《こうだいいん》の実名「於篤」にあやかったもの。安政三年（1856）に徳川十三代家定《いえさだ》の御台所となった。篤姫入輿の理由は徳川将軍家から島津本宗家へ要望があったからである。家定の二人の室が共に早世していたため、次の御台所を子孫が繁栄した広大院の実家である島津氏から迎えることとなった。将軍継嗣《けいし》問題と関連付けられる事があるが無関係である。

今和泉島津二男家である島津蔵人《くらんど》家の庶流に博多富次郎《はかたとみじろう》家がある。この「博多」という名は、前述した初代実忠の博多拝領の縁により名乗ったものと伝わる。

今泉島津家菩提寺は道凞山寿祥院光台寺《どうきざんじゅしょういんこうだいじ》。宗派は時宗。開山廓心上人。跡地には忠郷から幕末までの領主墓がある。篤姫の墓所は東京上野の寛永寺（非公開）。明治以降の今和泉家墓所は鹿児島市の郡元墓地にある。

今和泉島津家墓所「光台寺跡」

光台寺跡入口

今和泉初代忠郷　寛保二年《1742》～宝暦四年《1754》

今和泉家が再興されその初代となった時、忠郷はわずか三歳であった。薩摩藩が最後に置いた外城「今和泉郷」に居住し始めたのは宝暦四年からであるが、同年に亡くなってしまう。享年十三。
当時は墓塔を囲むお堂があったようで、周囲にその礎石が残っている。

十代忠剛は篤姫となる於一の父である。
今和泉家の財政が悪化した際、調所広郷から二千両を援助してもらい、それを元に改革を行い財政を再建させた。本宗家二十八代斉彬と良好な関係だったようで、斉彬が江戸から帰ってくるたびに伊集院や出水にまで迎えに行っている。
於一が家定の御台所となる前に亡くなっており、娘の晴れ姿を見ることはできなかった。

十代忠剛　文化三年《1806》～安政元年《1854》

近くの豊玉媛神社にある光台寺仁王像　元禄八年《1695》造立

篤姫墓所「常憲院（徳川綱吉）霊廟」勅額門（東京都台東区の寛永寺）

6 大乗寺【日置島津家】

日置《ひおき》島津家は一門家に次ぐ家名方四家の一つ。初代は島津歳久《としひさ》。兄弟である義久、義弘、家久らと九州統一を目指した数々の戦で武功を挙げる。しかし梅北国兼らが芦北で起こした豊臣秀吉に対する反乱の責任を一手に受け自害に追いやられた。二代忠隣《ただちか》は根白坂《ねじろざか》の戦いで秀吉軍に夜襲をかけるも失敗。十九歳で討ち死している。そして四代に当たる久慶《ひさよし》は宗門方《しゅうもんがた》（一向宗及び切支丹を取り締まる役職）であったにも関わらず切支丹を信仰していたとの疑いで子の久預、養子の久憲《ひさのり》とともに系図から削除されている。さらには十二代久風の次男赤山靭負《あかやまゆきえ》がお由羅騒動で切腹。その弟桂久武《かつらひさたけ》は西南戦争で西郷隆盛に最後まで従い、子の久嵩《ひさたか》と共に戦死した。このように数奇な運命を辿った者が多い家であるが、名家老を輩出した家でもあり、十二代久風《ひさかぜ》は城代を務め、その子十三代久徴《ひさなが》は斉興《なりおき》、斉彬《なりあきら》に重用され主席家老を務めた。

幕末の日置島津二男家の島津清太夫《せいだゆう》久武は、赤山靭負らと同じく斉彬派であったためお由羅騒動で徳之島へ遠島となる。小番《こばん》へ降格され、名も清太夫家の二男家名字である板鼻《いたはな》に改称し、板鼻歳武と名乗った。安政六年（1859）に旧格へ復し、名を島津久宏とした。しかし明治二年（1869）各島津家の二男家に対し島津名字の使用禁止令が出されたため、清太夫家は本家六代久竹の二男家名字である赤山に改姓し、赤山久宏と名乗った。この赤山氏が赤山靭負家と混同され広まっているが、全く別の家である。赤山靭負家は再興されず、子孫は人吉へ移り現在に至る。

日置島津家菩提寺は吉富山大乗寺《きちふざんだいじょうじ》。宗派は曹洞宗。開山一岳等忍和尚。跡地には歴代領主の墓塔以外にも仁王像など出来、状態共に素晴らしい石造物が多く並ぶ。二代忠隣の墓所は桂山寺《けいざんじ》跡で、同地に赤山靭負の墓塔もある。

【略系図】

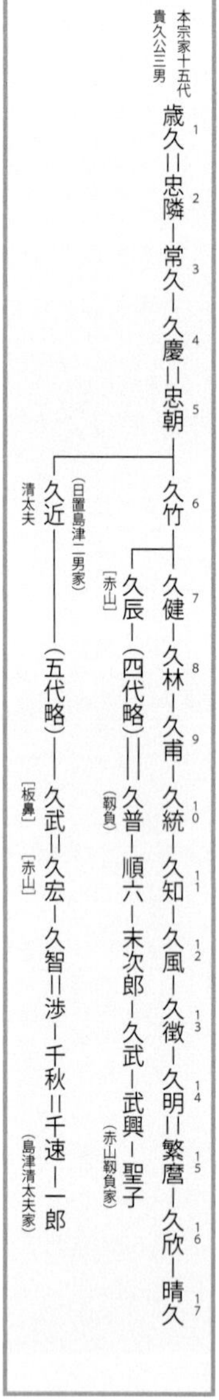

静けさに満ちた大乗寺跡。ここに歳久の遺骨が埋葬されている。
島津歳久は墓塔や供養塔が非常に多く建立された人物である。大乗寺跡以外の著名な場所として薩摩川内市の天沢寺跡、さつま町祁答院の大石神社、同宮之城屋地城之口公民館前、鹿児島市吉野の心岳寺跡（現・平松神社）、同吉田の松尾城跡、姶良市帖佐の総禅寺跡がある。

初代歳久　天文六年《1537》～天正二十年《1592》

日置島津家墓所「大乗寺跡」

日置島津歴代墓所の前にある祠堂。瓦には丸に十の字の紋が入っている。これは元々鹿児島城下の日置家屋敷にあった氏神を祀るお堂で、昭和七年にこの地へ移築されたものだという。貴重な藩政時代の建造物である。

祠堂

大乗寺仁王像　六代久竹寄進

赤山靱負、桂久武の父である十二代久風　寛政六年《1794》～嘉永四年《1851》

桂久武（南洲墓地）　天保元年《1830》～明治十年《1877》

赤山靱負墓（桂山寺跡）　文政六年《1823》～嘉永三年《1850》

7 真如院【花岡島津家】

花岡島津家の初代は本宗家二十代綱貴《つなたか》二男の島津久儔《ひさよし》。私領は花岡郷（現・鹿屋市花岡町）に置かれた。享保十年（１７２５）に本宗家二十二代継豊《つぐとよ》の二男家として創設された分家である。家格は一門家に次ぐ四家。領内の大部分が広野であったため、久儔は享保十一年（１７２６）に領民の薪を確保するための山を藩に請い、鹿屋郷内の山を賜っている。用水にも乏しく、領内にはまともな田畑が少なかった。この問題を解決したのが二代久尚《ひさなお》の室・岩子《いわこ》である。岩子は花岡から山を一つ越えた所を流れる高須川《たかすがわ》に注目し、そこから水を引くことを提案。着工からおよそ七年後の安永九年（１７８０）に川から花岡に至る一里あまりの用水路（花岡用水）を完成させた。用水路の大部分が山を貫く隧道《ずいどう》であることから難工事だったことが窺える。この用水により多くの新田が開かれ、また飲料水としても用いられた。改修により姿が若干変わっているものの、この用水には現在も水が流れ、使用されている。この多大なる功により岩子は宝暦六年（１７５６）伊敷村原良に屋敷を賜った。原良には今でも「花岡屋敷」というバス停があり、名が残されている。九代久基は元東京大学文学部教授で源氏物語研究の権威として知られていた。

花岡島津家菩提寺は円覚山法界寺真如院《えんがくざんほうかいじしんにょいん》。宗派は天台宗。勧請開山亮厳僧正。跡地には歴代領主墓が並ぶ。領主墓は台座の造りが非常に細かく、数ある私領主の墓塔の中でも屈指の美しさである

花岡島津家墓所の近くにある浄福寺にとても小さな阿弥陀如来が安置されている。これは六代久誠《ひさもと》の室・時子の持仏《じぶつ》と伝わり、明治三十七年（１９０４）に八代久実《ひさざね》が浄福寺へ寄贈したものである。

【略系図】

本宗家二十代綱貴公二男

久儔(1)－久尚(2)－久敦(3)－久弼(4)－久寛(5)＝久誠(6)－久敬(7)－久実(8)┬久基(9)－直久
　　　　　　　　　　　　　　　　　　　　　　　　└稜威雄

花岡島津家墓所「真如院跡」

歴代領主墓

二代久尚室・岩子　？～宝暦八年《1758》

初代久儔　貞享四年《1687》～享保十四年《1729》

墓塔台座詳細

真如院跡の石仏

真如院跡を訪れると、まずこの大きな石仏に目が行く。背面の碑文から享保十六年に奉納され、都城にあった明観寺の住持智空がこの像に関わっていることが分かる。込められた願いは「全ての人の現世及び来世の安楽」である。製作者は石工青木清八。
これほど大きな石仏が無傷で残っているのは奇跡と言ってよいだろう。

現在も使用されている花岡用水（花岡側出口）

8 宗功寺【宮之城島津家】

宮之城島津家は一門家に次ぐ四家の一つで島津尚久《なおひさ》を祖とする。尚久は本宗家十五代貴久と垂水家初代忠将《ただまさ》を兄に持つ。二人に劣らない勇将で、貴久の薩摩統一を目指す多くの戦に参加し武功を挙げた。しかし廻城《めぐりじょう》の戦いにおいて忠将が戦死すると、直後に尚久も病死してしまう。二代忠長《ただなが》もまた勇猛な武将で、本宗家十六代義久の九州統一戦や豊臣秀吉の朝鮮出兵に参加し伝説的な武功を挙げている。人質として京都に住していた際、日置家初代歳久の首級が一条戻橋でさらし首になっているのを知ると、これを奪取し京都の浄福寺に埋葬している。これらの功績により宮之城を賜ったが、居住したのは三代久元からである。四代久通《ひさみち》は名家老で、新田開発や植林、和紙（蒲生《かもう》和紙）の製造などを奨励し、多くの業績を残した。また紫尾《しび》神社の神託などにより発見された山ケ野《やまがの》金山（永野《ながの》金山）の採掘にも尽力し、藩の財政再建に貢献した。以降宮之城家は庶流を含め何人もの家老を輩出し、藩政に深く関わった。

宮之城島津家菩提寺は大徳山宗功寺《だいとくざんそうこうじ》。宗派は臨済宗。開山大室玄洪和尚。跡地は二代以降の宮之城家歴代領主墓所となっている。非常に大きな石祠が並ぶ姿は圧巻で九州一の規模とされる。ここで特に目を引くのは五代久竹建立の「祖先世功碑」という亀の台座に乗った大きな石碑（亀趺碑《きふひ》）である。四面にびっしりと先祖の功績を記した碑文が刻まれてあり、これを全て読むことができると亀が川内川へ水を飲みに行く伝説がある。また碑の正面に残る傷は、碑文を読むことができなかった武士が怒りのあまり刀で切りつけた痕であるという言い伝えもある。初代尚久の墓所は加世田の竹田神社（日新寺《じっしんじ》跡）。さつま町山崎にある玄徳寺《げんとくじ》の最初の本堂は、廃仏毀釈により解体され放置されていた宗功寺本堂の材木を用いたものであったという。

【略系図】

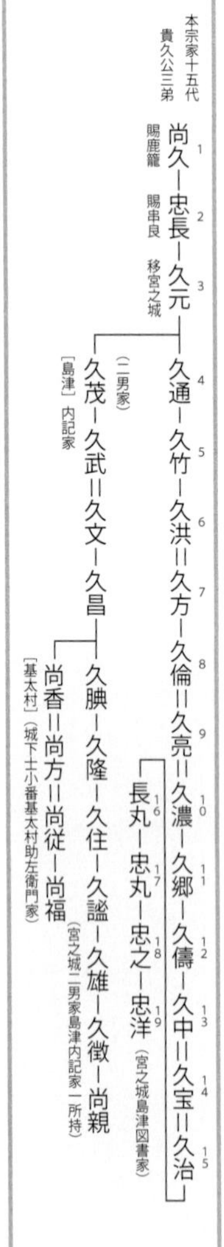

宗功寺全景（『三国名勝図会』）

宮之城島津家墓所「宗功寺跡」

四代久通　慶長十年《1605》〜延宝二年《1674》

二代忠長　天文二十年《1551》〜慶長十五年《1616》

初代尚久墓所（南さつま市加世田の竹田神社）　享禄四年《1531》〜永禄五年《1562》

墓塔台座の彫刻の一例（弓矢と家紋入り矢籠）。他に琉球や中国の文化の影響を受けたものも見られる。

宗功寺跡の地蔵菩薩像　宝永二年《1705》石工永田五右衛門作

「祖先世功碑」 延宝六年《1678》建立

9 龍峯寺【都城島津家】

都城島津家は島津一族「北郷氏《ほんごう》」の本家である。家格は一門家に次ぐ四家。本宗家四代忠宗《ただむね》六男である資忠《すけただ》が観応三年（1353）に足利尊氏より北郷三百町を賜わり、薩摩迫《さつまざこ》に移住し「北郷」姓を名乗ったことから始まる。二代義久が都之城《みやこのじょう》を築城し、この城を拠点に南北朝時代の動乱を乗り越えた。その後周辺の伊東氏や新納《にいろ》氏らに押され、都城などのわずかな領地を残すまでに衰える。しかし八代忠相《ただすけ》が豊州島津家らと手を結ぶなどして周辺勢力を次々と攻略。一転して勢力を急速に拡大し、念願であった都城一帯の統一を果たした。その後さらに勢力を伸ばすも豊臣秀吉の九州征伐で敗北し、文禄の領地替えで祁答院《けどういん》へ転封となった。慶長四年（1595）の庄内の乱により伊集院氏が都城から移封となったことで旧領に復帰するも、この頃から本宗家との間に不和が生じる。十六代久定《ひささだ》が亡くなると本宗家の命により喜入忠長《きいれただなが》が北郷氏を継承。この時「島津」姓への復姓も命じられ、以後都城島津と称し幕末までこの地を治めた。都城家は二十六代久寛《ひさひろ》の代である明治二年（1869）に私領を返還し鹿児島へ移るが、元家臣らの要望により明治十二年（1879）都城へ戻り現在に至る。

都城島津氏の一族に末弘《すえひろ》氏がいる。祖は資忠の十男忠直《ただなお》。ただし、藩に末弘氏が都城家の一族であると申請したが古系図にあった「末弘氏猶子《ゆうし》」の一言で認めてもらえなかった。その庶流である平佐北郷氏家臣末弘氏十一代直方《なおかた》は川路利良《かわじとしよし》の密偵として中原尚雄《なかはらなおお》らと西郷や私学校党の動きを探っていた。しかし全員私学校党に捕縛され、これが西南戦争勃発の引き金になったとされる。

都城島津家菩提寺は長城山龍峯寺《ちょうじょうざんりゅうほうじ》。宗派は曹洞宗。開山起宗守興和尚。広大な跡地に八代忠相以降の歴代領主の墓塔やその他多くの石造物が並ぶ姿は壮観である。

【略系図】

本宗家四代忠宗公六男 資忠1［北郷］賜北郷
├ 義久2－久秀3＝知久4－持久5－敏久6－数久7－忠相8－忠親9－時久10
│　時久 ├ 忠虎11－忠能12
│　　　　│　忠能 ├ 翁久13
│　　　　│　　　　└ 忠亮14＝久直15＝久定16＝忠長17［賜島津姓］＝久理18－久龍19－久茂20－久般21－久倫22－久統23－久本24－久静25－久寛26＝久家27－久厚28－久友29
│　　　　└ 三久（平佐祖）
└ 忠直［末弘］－忠勝－十郎四郎（都城北郷氏臣）－上野守－三郎四郎－十郎四郎左衛門－久次－久吉－久之－久許－許秋－（6代略）－直方（平佐北郷臣）

龍峯寺伽藍（『三国名勝図会』）

都城島津家墓所「龍峯寺跡」

二十六代島津久寛　安政六年《1859》～明治十七年《1884》

八代北郷忠相　文明十九年《1487》～永禄二年《1559》

左：初代北郷資忠（山久院跡）　？～正平十四年《1359》／延文四年

龍峯寺跡の千手観音坐像

歴代領主墓所の片隅に一体の千手観音坐像が置かれている。一対の腕を頭上に挙げていることから「清水型」であると思われる。本来は化仏《けぶつ》を持っているがこの像は宝珠を掲げている。また坐像であることも珍しい。他ではなかなか見ることのできない貴重な石仏である。

住持墓群

10　御拝塔《おはとう》墓地【種子島氏】

種子島氏は名の通り種子島の領主であった。壇之浦合戦で敗れた平行盛《たいらのゆきもり》の子とされる初代信基《のぶもと》が鎌倉幕府初代執権である北条時政（元服時の烏帽子親《えぼしおや》）の養子となり、種子島以下十二島（屋久島・口永良部島など）を賜った。その際に名を「種子島」に改めたと伝わる。そしてその後四代真時の時代に種子島へ移住したと考えられている。なお初めて種子島氏の名が見えるのは南北朝時代である。

種子島氏でもっとも有名な領主が十四代時尭《ときたか》であろう。天文二年（１５４３）西ノ浦に大船が漂着。その船に乗っていたポルトガル商人から鉄砲を買い上げ、分解し構造を研究。そして島に豊富にある砂鉄を用い一年のうちに数十丁を製造し世間に広めた。これが世にいう「鉄砲伝来」である。この時の種子島領主が時尭であった。鉄砲により戦国合戦は劇的に変わり、これを多用した織田信長により天下統一がなされた。ポルトガル商人から買い上げた銃と、国産第一号の銃は西之表市の種子島開発総合センター鉄砲館で見ることができる。

もう一人特筆すべき人物として、種子島の女殿様として知られる「松寿院《しょうじゅいん》」が挙げられる。松寿院は本宗家二十六代斉宣《なりのぶ》の娘「於隣《おちか》」で、種子島家二十三代久道の夫人である。夫の久道は三十七歳で亡くなるが、後継が生まれていなかったため種子島氏は断絶の危機に陥る。そこで夫の死後剃髪していた於隣改め松寿院が久道名代として種子島を治めることになった。久道の死後から養子の久珍《ひさみち》、そしてその子である久尚の後見として併せて三十六年間島の政治に関わった。

種子島氏墓所は「御拝塔《おはとう》墓地」。隣には栖林《せいりん》神社が鎮座し、その裏手に菩提寺であった吉祥山本源寺《きちじょうざんほんげんじ》（法華宗）がある。また、「御坊《おぼう》墓地」と呼ばれるもう一つの墓所も存在する。

【略系図】

北条時政養子（実烏帽子親）
伝平行盛男
［種子島］賜種子島

1信基―2信式―3信真―4真時―5時基―6時充―7頼時―8清時―9時長＝10幡時―11時氏―12忠時―13恵時―14時尭

15時次＝16久時―17忠時―18久時―19久基―20久達―21久芳―22久照―23久道＝24久珍―25久尚―26時丸

松寿院（＝23久道）

27守時―28時望―29時邦―時大―成時

元子（村川）

種子島氏墓所「御拝塔墓地」

「御坊墓地」 初代信基から四代真時の合葬墓がある。周囲には種子島移住に付き従った家臣二十家の墓塔もある。

十四代時尭　享禄元年《1528》〜天正七年《1579》

ポルトガル商人から銃を買うという判断を下した際、時尭はまだ十六歳であった。その先見の明に驚かされる。なお鉄砲を分解、研究し国産第一号の鉄砲を作ったのは八板金兵衛という刀鍛冶である。

鉄砲伝来については十六代久時が大龍寺（現・大龍小学校）の僧・南浦文之に編纂させた『鉄炮記』に詳しく書かれている。

種子島の女殿様松寿院。その事績は数えきれない程あり、大浦川の川直し工事・大浦塩田の拡張工事・赤尾木港（西之表港）の波止修築工事が三大事業と言われている。「御坊墓地」に初代から四代までの合葬墓を建立。さらに栖林神社も創建した。松寿院に関しては二十九代時邦の姉である村川元子氏の著『松寿院　種子島の女殿様』（南方新社）に詳しい。

松寿院　寛政九年《1797》〜慶応元年《1865》

カタリナ（永俊尼《えいしゅんに》）は本宗家十八代家久の義母で、また十九代光久の外祖母（母方の祖母）である。名の通りキリシタンだったが、当時はキリシタン禁制の時代。カタリナも例外なく棄教を命じられた。しかしこれを頑なに拒否したため寛永十一年に種子島へ配流となり、同地で没した。死罪にならなかったのは光久の祖母であったためとされている。
墓塔の左右側面と背面に「この人は仏教徒である」という内容の文が刻まれている。

カタリナ（永俊尼） 天正二年《1574》～慶安二年《1649》

お拝塔墓地の横に鎮座する栖林神社。文久三年《1863》創建。祭神：十九代種子島久基。「栖林」の名は久基の号に由来する。

11 天昌寺【永吉島津家】

永吉島津家は永吉郷（現・日置市吹上町永吉）を領した分家で初代は中務大輔《なかつかさたいふ》家久。本宗家十五代貴久の四男で、歴代島津家の武将の中でも随一の戦術家である。天正七年（1579）家久は耳川の戦いでの戦功により兄の義久から日向国守護代として佐土原城を任される。これは猛将として知られる義弘が肥後国守護代として八代城を任される三年も前のことである。その後家久は相手よりも少ない兵で敵を殲滅する「釣り野伏せ」と呼ばれる非常に高度な戦術を用い、天正十二年（1584）沖田畷《おきたなわて》の合戦で肥前他六カ国の戦国大名龍造寺隆信《りゅうぞうじたかのぶ》を、天正十四年（1586）には戸次川《へつぎがわ》の合戦で土佐の長曾我部信親《ちょうそかべのぶちか》、讃岐の十河存保《そごうまさやす》を討ち取った。合戦中に三人の大将首を討ちとったのは戦国合戦史上家久のみである。

二代豊久《とよひさ》もまた優れた武将で、初陣の沖田畷の合戦以来数々の合戦に参戦。父家久の死後は豊臣秀吉により佐土原三万石を与えられ、その後の小田原征伐や朝鮮出兵、さらには庄内の乱にも参加した。合戦に次ぐ合戦であった豊久の最期は関ヶ原合戦である。「島津の退《の》き口」と呼ばれる退却戦で「捨て奸《がまり》」という、数人で待ち伏せ、追手の部隊の大将を銃で撃ち、その後槍で突撃するという捨て身の戦術を用い、義弘の身代わりとなって討ち死にした。しかしこの戦術により松平忠吉《まつだいらただよし》を負傷させ、さらに川上四郎兵衛忠兄《かわかみしろうひょうえただえ》家臣柏木源藤《かしわぎげんとう》が井伊直政《いいなおまさ》を狙撃。直政に死に至る深手を負わせた。結果、義弘は撤退に成功し、無事薩摩へ帰還した。実際に永吉を領したのは三代忠栄《ただひで》以降。

永吉島津家菩提寺は慈門山天昌寺《じもんざんてんしょうじ》。宗派は曹洞宗。開山石屋真梁。跡地は永吉島津家墓所となっている。豊久の墓塔と位牌は、豊久が亡くなったとされる岐阜県上石津《かみいしづ》町の瑠璃光寺にも存在する。初代家久の墓所は梅天寺《ばいてんじ》跡。

【略系図】

本宗家十五代 貴久公四男
1家久―2豊久＝3忠栄＝4久雄┬5久輝―6久貫―7久柄―8久芳―9久謙―10久輔―11久武＝12久陽＝13久敬＝14久籌
　　　　　　　　　　　　└（二男家）久矩―久置（島津登家）
14久籌―15久徴―16久憲＝17泰輝―18基之┬19博之
　　　　　　　　　　　　　　　　　　└泰之―道久

天昌寺伽藍（『三国名勝図会』）

永吉島津家墓所「天昌寺跡」

天昌寺跡の最奥に豊久の戒名「天岑昌運大居士」が刻まれている自然石の墓塔があり、独特の雰囲気を漂わせている。天昌寺跡は家久の墓所である梅天寺跡と共に永吉南郷会によって維持管理され、美しさが保たれている。
なお領地であった佐土原にも天昌寺跡（佐土原中学校横）があり、家久、豊久の墓塔が存在する。

二代豊久　元亀元年《1570》～慶長五年《1600》

初代家久墓所「梅天寺跡」

歴代住持墓

大辻石塔群

永吉島津家が入部する以前、鎌倉・室町期に南郷城を築き、この地を支配していた桑波田氏の石塔群である。桑波田氏の時代、この一帯は「日置南郷」と呼ばれていたが、桑波田氏を破った島津忠良により現在の「永吉」に改称された。

12 西福寺【知覧島津家】

知覧《ちらん》島津家は島津一族「佐多氏」の本家である。本宗家四代忠宗《ただむね》の三男忠光《ただみつ》が大隅の佐多を賜わり「佐多」と称したのに始まる。忠光は文和二年（１３５８）足利尊氏より知覧の地を賜った。ただし実際に知覧に居住し始めたのは四代親久《ちかひさ》からである。その後歴代の領主が長きに渡り知覧を治めていた。ところが十一代久慶《ひさよし》の代に一族の家臣が久慶の名を掲げ禁止されていた海賊行為を行っていたことが判明する。これを知った豊臣秀吉は激怒。久慶はすぐに使者を派遣し必死の謝罪することで事なきを得るも、天正十九年（１５９１）に川辺へ移封されてしまった。次の十二代忠充《ただみつ》の代には再び知覧へと戻り、以後領主が知覧を離れることはなかった。十六代久達《ひさみち》は光久、綱貴、吉貴の三代に渡り城代を務め上げた名家老で、正徳元年（１７１１）には島津姓を名乗ることを許可された。また現在の知覧武家屋敷群の基礎が形成されたのもこの時代である。以降久豪《ひさたけ》、久峯、久邦、久福《ひさとみ》という四人の家老を輩出。二十一代久福は篤姫が近衛忠熙《このえただひろ》の養女となる際に同行した人物である。

知覧島津家菩提寺は極楽山松峯院西福寺《ごくらくざんしょうほういんさいふくじ》。宗派は曹洞宗。開山覚隠永本大和尚。跡地は市営住宅となっており、その背後に知覧家歴代領主の眠る墓所がある。大きな五輪塔や細かな装飾がなされた石祠が並ぶ中、十一代久慶の墓塔だけが墓所の片隅に置かれている。他の寺院跡から移設されたものとされるが、その扱いはあまりに寂しい。歴代領主で唯一知覧を失った事が大きく影響しているのであろう。また久福夫人の墓前に、サッポロビールの創設者であり加治木島津三男家の村橋久成《ひさなり》らによる献灯がある。これは亡くなった久福夫人が村橋家の出身で久成の叔母であったため奉納されたものと考えられる。

【略系図】

本宗家四代忠宗公三男
1 忠光［佐多］文和二年賜知覧 ― 2 忠直 ― 3 氏義 ― 4 親久 ― 5 忠遊 ― 6 忠山 ― 7 忠和 ― 8 忠成 ― 9 忠将 ― 10 久政 ― 11 久慶（天正十九年移川辺）― 12 忠充（慶長十五年復知覧）
― 13 忠治 ― 14 久孝 ＝ 15 久利 ＝ 16 久達［賜島津姓］― 17 久豪 ― 18 久峯 ― 19 久邦 ― 20 久典 ― 21 久福 ― 22 久徴 ― 23 剛二郎 ― 24 鎮生

知覧島津家墓所「西福寺跡」

初代佐多忠光　？～貞治二年《1363》（墓塔は文化十一年《1814》再建）

十六代島津久達　慶安四年《1651》～享保四年《1719》

久慶の墓塔は西福寺跡最上段の右端にある。戒名「幽山賢心大居士」。他の領主墓は前に石畳が敷かれているが、久慶墓はその石畳が途切れた先に何気なく置かれている。
海賊事件に関して、激怒したのは実は島津義弘で、久慶は移封ではなく事実上の左遷だったとも言われいる。久慶が海賊の件を本宗家に報告せず、秀吉の家臣である石田三成らに直接謝罪したことがその主たる原因とされる。

十一代佐多久慶　？～慶長九年《1604》

西福寺跡の石仏

加治木島津三男家村橋久成献灯　明治九年《1876》奉納

歴代住持墓

13 浄珊寺【新城島津家】

新城《しんじょう》島津家は本宗家十六代島津義久の二女が新城（現・垂水市新城）など三千七百石を化粧料（持参金）として賜ったことに始まる。義久の二女は「新城様」と呼ばれ、垂水家四代久信を生んだ。この新城様と久信に寵愛され育ったのが久信の二男久章《ひさあき》である。久章は寛永十三年（１６３６）に本宗家十八代家久の娘とその化粧料千石をもらい受ける。それに新城様の化粧料を合わせた四千七百石をもって新城家が設立され、久章はその初代となった。しかしその翌年、父である久信が毒殺されてしまう。背景には本宗家と垂水家の家督継承問題があったと言われている。久章は本宗家十九代光久に重用され、寛永十六年（１６３９）に光久の名代で江戸へ向かった。しかしこの時不手際を起こし、さらに紀州家初代徳川頼宣《よりのぶ》に諸家督継承問題や父の毒殺の件などの真相を直訴したとされる。これに激怒した光久は久章を谷山の清泉寺《せいせんじ》に幽閉し遠島の処分を言い渡すが、久章はこれを拒否。またしても激怒した光久は清泉寺に兵を送り、戦闘により傷を負った久章は自害に追い込まれた。久章の死後新城家は一代で断絶。その後嫡男である二代忠清《ただきよ》の代に再興されたものの、三代、四代は本宗家から養子が入ったため久章の血は断たれた。明治二年（１８６９）に私領を返還し、「末川《すえかわ》」姓を名乗り現在に至っている。

　新城島津家菩提寺は撐月山浄珊寺《とうげつざんじょうさんじ》。宗派は曹洞宗。開山特峯代英和尚。跡地には八代久備らの墓塔及び末川家累代の墓がある。また前身寺院である貫名寺《かんめいじ》跡に新城様、二代忠清らが眠っている。初代久章の墓所は最期の地である鹿児島市下福元町の清泉寺跡に存在し、大五輪塔が建立されている。この墓塔には当時から久章の威霊を仰ぎに多くの人が訪れていたという。

【略系図】

垂水島津家四代
久信二男

1久章─2忠清＝3久侶＝4久邦─5久隆─6久祖─7久照＝8久備─9久輔
＝10久徴─11久寛─12久治［末川］─13一二＝14磯吉─15久若＝16大史朗
（二男家）将明［細瀧］─将義─将男＝勝則─誠（城下士小番細瀧権八家）

新城島津家墓所「浄珊寺跡」

石仏（住持義雄之墓）文政九年《1812》建立　石工山田龍助

訪れる人もなくひっそりとしている浄珊寺跡には七代久備らと末川家の墓塔がある。また新城家に関係する人物のものであろう石の位牌も置かれている。
墓塔の前に左のような石仏が数体置かれており、どれも状態が良い。

二代忠清　寛永十六年《1639》～寛文二年《1662》

新城様　？～寛永十八年《1641》

浄珊寺の前身寺院であった貫明寺跡

清泉寺の本尊とされる阿弥陀如来摩崖仏

清泉寺跡には多くの摩崖仏がある。左の阿弥陀如来は寺の開山である日羅の作とされているが詳細は不明。この左側には建長三年の銘をもつ小さな摩崖仏もある。
「清泉」の名の如く清らかな水が湧き、多くの遺物が残る寺院跡だが、鬱蒼として独特な雰囲気が漂っている。また島津忠良夫妻の戒名が刻まれた摩崖仏があったり、不自然な位置に仁王像があったりと謎の多い場所でもある。

初代久章墓所（鹿児島市下福元町の清泉寺跡）　元和二年《1616》～正保二年《1645》

14 興全寺【佐志島津家】

佐志《さし》島津家は島津義弘の五男島津忠清《ただきよ》を祖とする分家である。この佐志家の成立には御下《おした》という悲運の女性の存在があった。島津義弘の末娘である御下は伊集院忠真《ただざね》に嫁いでいた。ところが慶長七年（1602）忠真が兄である島津家久（忠恒《ただつね》）に誅殺されてしまう。その際忠真の一族も殺害され、残されたのは御下と娘の千鶴のみであった。慶長十八年（1613）から千鶴と共に人質として七年間江戸で過ごしたが、これには家久も妹の御下を憐れみ、元和五年（1619）までに褒美として三千石を与えた。帰国後家久の命により宮之城島津家二代久元に嫁ぐ。しかしこれは既に妻と子供がいた久元を強引に離縁させたうえでの結婚であった。二人の間には佐志家二代久近が生まれるも夭折。先述の事情もあり、人々は久近の死が久元の前妻の祟りによるものではないかと噂したと伝わる。御下の死後、化粧料三千石は本宗家十六代光久の四男である三代久岑《ひさみね》が継承。そして延宝七年（1679）四代久當の代に正式に佐志島津家が設立され、本宗家の三男家に相当する家格に取り立てられる。その際初代は義弘の五男忠清とされた。これは実質の初代である御下が女性であったため跡を立てることができず、兄であった忠清を初代としたのである。久當は城代まで務め、以降数人の家老を輩出している。

佐志島津家菩提寺は松尾山浄菩提院興全寺《まつおざんじょうぼだいいんこうぜんじ》。宗派は真言宗。開山法橋越前房琳春。興全寺跡地には御下がただ一人眠っている。同地に再興されている浄土真宗「興詮寺《こうせんじ》」の本堂内陣は室町時代に建立された建築物で、元は御下の位牌堂であった。鹿児島県において、廃仏毀釈《はいぶつきしゃく》を乗り越えほぼ完全な状態で残る江戸時代以前の仏教建築物はこの「興詮寺内陣」と伊佐市大口白木にある「白木神社《しらきじんじゃ》本殿」のみである。共に鹿児島県指定有形文化財。

【略系図】

本宗家十七代 義弘公五男
1 忠清＝2 久近＝3 久岑＝4 久當＝5 久幸┬6 久金－7 久泰－8 久品－9 久照－10 久厚－11 久容－12 久清－13 久雄－14 秀雄（一所持佐司島津縫殿家）
└久清［谷川］病身別家－久彬＝久命－久武┬久純－久智－久亮－久鏡－久雄（城下士寄合並谷川次郎兵衛家）
└六次郎＝六次郎－清澄－清徳（城下士小番谷川六次郎家）

興全寺全景（『三国名勝図会』）

御下　天正十二年《1584》〜慶安二年《1649》

15 永源寺【豊州島津家】

豊州《ほうしゅう》島津家は本宗家八代久豊《ひさとよ》の三男である季久《すえひさ》が享徳《きょうとく》三年（1454）に帖佐、溝辺等を賜り分家したことに始まる。「豊州」の名は季久以来の歴代領主が豊後守《ぶんごのかみ》を称したことによる。二代忠廉《ただかど》は当時島津氏と敵対していた日向の伊東氏と、それに呼応した肝付氏の抑えとして飫肥《おび》に移封となった。その後本宗家十五代貴久と薩州家の実久《さねひさ》との守護家相続争いが始まると、天正十四年（1545）に四代忠広《ただひろ》が都城北郷氏とともに貴久に臣下の礼をとる。これにより他の一族や国衆も貴久を支持し、貴久による戦国薩摩統一の流れが出来上がった。この流れを作った功は大きく、六代朝久《ともひさ》以降の歴代領主の重用、そして寛永十一年（1634）に七代久賀《ひさよし》が黒木郷を賜わることに繋がった。なお久賀は城代まで務めている。

十五代豊後久寶《ひさたか》は島津斉興《なりおき》に仕え、天保十一年（1840）には家老に任命される。その後豊州家で二人目の城代となった。当時斉興は絶対的に調所広郷《ずしょひろさと》を信用していたため、久寶は斉興と調所を嫌う斉彬との板挟みにあい苦労したようである。お由羅騒動により調所が亡くなると、調所の行っていた大阪の銀主との交渉や密貿易に関する事後処置等を全てこなし、藩主となった斉彬にそのまま家老に任命される。安政六年（1859）に斉興が亡くなると、自らの子供たちにも一切何も言わず職を辞した。この間の様子を久寶の二男で帯刀家を相続した久直《ひさなお》が詳しく書き残している。

豊州島津家菩提寺は瑞泉山永源寺《ずいせんざんえいげんじ》。宗派は曹洞宗。開山心嵓和尚。現在は廃屋の横に仁王像や石仏が安置されているのみである。永源寺跡に歴代領主の墓塔はなく、初代季久・六代朝久、そして十代久兵以降の墓塔は帖佐の総禅寺《そうぜんじ》墓地に、そして八代久守、九代久邦の墓塔は鹿児島市冷水町の興国寺《こうこくじ》墓地の最上段に存在する。

【略系図】

本宗家八代久豊公三男
1季久（賜帖佐溝辺等）―2忠廉（賜飫肥）―3忠朝―4忠広＝5忠親（飫肥失）―6朝久―7久賀（賜黒木）―8久守―9久邦＝10久兵―11久智―12久起―13久中―14久長―15久寶―16久芳―17久雄―18久治―19久忠

豊州島津家菩提寺「永源寺跡」

永源寺跡の近くにある島津豊州家関係石塔群

八代久守、九代久邦墓所（鹿児島市冷水町の興国寺墓地最上段付近）

初代季久、六代朝久、十代久兵以降の墓所（姶良市帖佐の総禅寺墓地）

初代季久　応永二十二年《1413》〜文明九年《1477》

総禅寺墓地にある初代季久の墓塔。
戒名は「題橋柱公大禅伯」だが、墓塔には刻まれていない。季久は自らの菩提寺として総禅寺の建立を開始したが、完成する前に亡くなってしまった。なお開山は当初季久の四男である起宗和尚であったが、起宗が辞退したため福昌寺の住持であった心嵓和尚を開山とした。

十五代豊後久寶　享和元年《1801》〜明治六年《1873》

十五代豊後久寶墓塔。
十代久兵以降の墓塔は南林寺墓地（鹿児島市の松原神社一帯）にあったが、大正八年以降に総禅寺墓地へ改葬された。そのためか欠損している墓塔がほとんどで、久寶の墓塔も「久寶院殿」と刻まれた水輪部分と台座しか残っていない。
これらの墓塔の前に初代西ノ海嘉治郎が明治二十五年に奉納した石灯籠と手水鉢がある。当時は既に横綱となっていたが、これらには「大関」と刻まれている。

16 瑞慶庵【市成島津家】

市成《いちなり》島津家は「市成郷（現・鹿屋市輝北町市成）」を領していた分家である。本姓は土岐《とき》氏。美濃《みの》国守護家であった土岐氏の祖とされる源国房《みなもとのくにふさ》の十三代孫である土岐国房が、元暦《げんりゃく》元年（１１８４）に小河院敷根《しきね》を賜った事が始まりとされる。その後何らかの理由で球磨《くま》へ逃れたが、子の頼房《よりふさ》が再び敷根を賜り「敷根」と称したと伝わる。実在が確認されるのは頼房より十代後の敷根頼賀《よりいわ》である。島津氏と肝付氏との争いで島津方についた頼賀は敷根が肝付氏の領地と接していたこともあり、たびたび肝付氏と戦闘となるもこれを抑えた。その功により本宗家十六代義久より千石を与えられる。その後一時垂水へ移り、慶長十九年（１６１４）に敷根立頼《たつより》が市成を拝領。次の久頼《ひさより》の代には島津姓を名乗ることを許され、市成島津家が成立した。市成家からは久頼、久浮が藩の家老となっている。明治二年（１８６９）に島津姓と領地を返上し、本姓である土岐に復姓した。

市成島津家菩提寺は鳳林山瑞慶庵《ほうりんざんずいけいあん》。宗派は曹洞宗。開山吟翁龍和尚。推定地の藪の中に墓塔が並んでいる。島津久福《ひさとみ》、久浮の墓塔があったが、久浮の墓塔は登見《どげん》の丘公園に移設された。敷根姓時代の菩提寺は法城院両足寺《ほうじょういんりょうそくじ》であるが跡地は消滅したと思われる。山門にあったとされる仁王像のみ現存し、市成では風邪と百日咳を治す仏様として信仰されている。病が治ると火吹き竹を供える風習があり、現在でも続いている。市成島津家菩提寺に関しては『三国名勝図会』などにも明示されていないが、かつての居城であった長尾城の麓にある、島津久芳《ひさよし》が天明六年（１７８６）に建立した六地蔵塔に「六地蔵を一基新たに建立し（中略）菩提寺の瑞慶庵で供養し冥福を祈った」とあるため、瑞慶庵が菩提寺であったとみられる。なお現在の土岐氏の墓所は鹿児島市冷水町の興国寺墓地。

【略系図】

美濃守護土岐氏一族
土岐国房十三代孫

土岐国房（賜大隅小河院敷根）―頼房［敷根］（住敷根）―（9代略）―頼賀（文禄四年賜垂水田上城）―頼兼―頼元＝立頼（島津忠長三男［賜島津姓］）（賜市成）―久頼―久達―久輔―久福

久福┬久命―久芳＝久浮―久誠―久宝
　　│　　　└［復土岐姓］久賀―久彦―長久
　　└政盈＝政彬―政守（宝暦十一年二男家）（城下士小番土岐平太夫家）

市成島津家菩提寺「瑞慶庵」推定地

室町時代の造立とされる市成の仁王像

17 梁月寺【平佐北郷氏】

都城六万三千石を領していた北郷《ほんごう》氏は文禄三年（１５９４）、豊臣秀吉の領主替え政策により宮之城・平佐（現・薩摩川内市平佐）など三万六千余石へ移封された。この時北郷氏は朝鮮出兵中で、当主であった忠虎が文禄元年（１５９２）に病没。家督はまだ五歳であった長千代丸（後の忠能《ただよし》）が相続していた。その後見として家臣を束ねて戦っていたのが北郷三久《みつひさ》であった。朝鮮から帰国後、幼い忠能が宮之城二万一千石、後見の三久が平佐一万一千石を預かることとなった。慶長四年（１５９９）に都城を領していた伊集院忠真が庄内の乱を起こすと三久は島津氏側として出兵。かつての領地であった都城復帰の機会を逃すまいと奮戦した。最終的に徳川家康の調停で伊集院忠真《ただざね》は降伏し、頴娃一万石へ転封となる。それにより忠能はついに都城へ復帰することができた。文禄四年（１５９５）十月に改めて平佐を賜り、さらに北郷一族から家臣を選び同地を治めることとなった。こうして成立したのが平佐北郷氏である。歴代領主のうち久加《ひさます》、忠昭、久嘉、久珉が本藩家老となり藩政に参加している。また十三代久信は開明的な人物として知られる。十五代光久没後は、娘で仏画家の萌祥《ほうしょう》氏の長男である高四郎氏が十六代を継いでいる。

平佐北郷氏菩提寺は長照山梁月寺《ちょうしょうざんりょうげつじ》。宗派は曹洞宗。開山香山梵桂和尚。跡地には三久を始めとする平佐北郷氏歴代領主の墓塔が整然と並んでいる。平成二十六年（２０１４）の春に梁月寺跡前で高四郎氏の相続を祝う盛大な式が行われ、都城からも旧家臣の子孫達が祝いに訪れた。また同地では「ひらさ北郷桜まつり」も毎年開催されている。

【略系図】

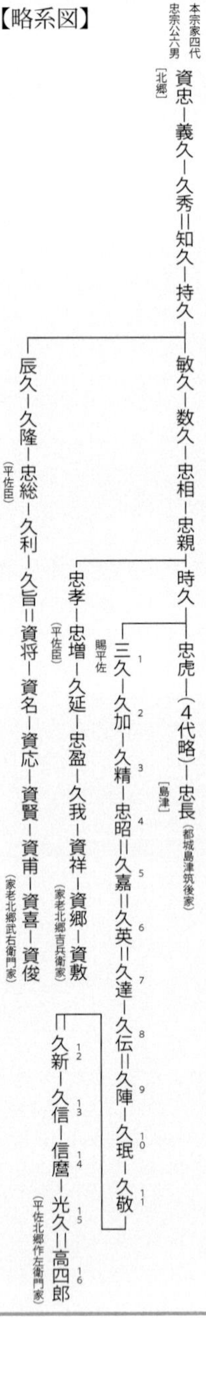

平佐北郷氏墓所「梁月寺跡」

初代三久　天正元年《1573》～元和六年《1620》

二代久加　慶長九年《1604》～延宝八年《1680》

初代三久の嫡男久加。長く藩政に携わり、寛永十七年に山ヶ野（永野）金山が発見された際には金山総奉行に任ぜられる。その後寛文六年（１６６６）に城代となった。さらに幼年時代の本宗家二十代綱貴の指南役も務めた名家老である。
法名は法性院殿正覚存貞庵主。

十三代久信　天保二年《1831》～明治二十年《1887》

久信は領内に建造した銃器工場で燧石銃《ひうちいしじゅう》を製造し、また皿山陶器（平佐焼）の改良を行い海外に輸出するなど非常に開明的な領主であった。戊辰戦争では薩摩の軍艦「乾行丸」の艦長を務め、幕府の輸送艦「順動丸」を自沈に追いこむ活躍を見せる。小松帯刀らとも交流があった。
法名は永壽院殿昌山全久大居士。

歴代住持墓

18 長善寺【鹿籠喜入氏】

喜入《きいれ》氏は本宗家九代忠国《ただくに》の七男である初代忠弘《ただひろ》が喜入を賜ったことから始まる。「喜入」と号すようになったのは五代季久《すえひさ》からで、これは永禄元年（1556）に本宗家十五代貴久から所領の名を名乗るよう命ぜられたためである。その後鹿籠《かご》（現・枕崎市）を賜り移住した。六代久道の代に豊臣秀吉による領地替えのため一時永吉へ移るも、七代忠続《ただつぐ》が再び賜って以降は累代鹿籠の地を継承した。忠続は武将として優れた才能を持ち、島津義弘と共に朝鮮へ渡り、その後は関ケ原の合戦や大坂冬の陣にも従軍している。十代久亮《ひさあき》は名君として知られ、開墾の奨励や産業の開発を積極的に行うなど善政をしき鹿籠に安定をもたらした。また若くして薩摩藩家老となり二十年もの間藩政にも携わっている。久亮は晩年に『万句賀親乾《ばんくがしんこん》』という自作自筆の連歌集を残した。一万句にものぼる歌の中に「鰹節」に関する歌があり、これが枕崎の文献における「鰹節」の初見である。久亮以降喜入氏歴代領主からは久福《ひさとみ》、久通《ひさみち》、久高が家老に任命され藩政に参加している。中でも十八代喜入摂津久高は島津久光の下で筆頭家老となり、側役《そばやく》には小松帯刀がいた。

喜入氏菩提寺は福寿山長善寺《ふくじゅざんちょうぜんじ》。宗派は曹洞宗。跡地は喜入氏歴代領主の墓所となっているが状態が良くない。多くの石灯籠が倒れ、墓の基壇は歪み、崩れているものもある。その中に県内ではあまり見ることのない土饅頭型の墓が数基あり、これらは一見の価値がある。また島津本宗家当主墓の石材として知られる山川石が、ここでは住持墓などにも用いられているのは興味深い。

【略系図】

本宗家九代忠国公七男
1忠弘（賜喜入）＝2頼久＝3忠誉（領喜入指宿）－4忠俊－5季久（［喜入］賜鹿籠）－6久道（移永吉）＝7忠続（再賜鹿籠）－8忠高＝9忠長－10久亮－11久致＝12久峯＝13久茂－14久福－15久量

15久量－16久欽－17久通－18久高－19久博－20善之助－21久則－忠久（一所持喜入摂津家）

4忠俊－忠道（二男家）＝久正－久洪－久守－久則－久尚－誉長－誉香－誉次－誉央（城下士小番喜入休右衛門家）

参道石段

自然石を敷いた、かなり荒れた石段がのびる。その先にある喜入氏の墓所もまた荒れるにまかせるという状態であった。自然の中に溶け込み始めた墓塔が、わびしくも美しい風景を作り出している。

鹿籠喜入氏墓所「長善寺跡」

季久の墓塔のみ他の歴代領主とは別の場所に置かれている。台座の中にはサンゴも見え、いかにも南国らしい。
歴代領主の墓塔は戒名が明らかに人の手によって削られており、廃仏毀釈の徹底ぶりがうかがえる。

五代喜入季久　天文元年《1573》～天正十六年《1588》

「鹿籠の名君」十代喜入忠亮　万治元年《1658》～享保七年《1722》

七代喜入忠続（墓塔倒壊）　元亀二年《1571》～正保二年《1645》

長善寺跡の石仏　宝永四年《1707》造立

饅頭型墓（八代喜入忠高）

歴代住持墓

19 大翁寺【藺牟田樺山氏】

樺山《かばやま》氏は本宗家四代忠宗《ただむね》の五男である資久《すけひさ》から始まる。文保二年（１３１８）から日向国三俣院《みまたいん》の樺山村に住したことから「樺山」を称するようになった。その後嫡流は慶長十九年（１６１４）に藺牟田《いむた》を賜り移住。その藺牟田領主樺山氏は江戸時代を通して歴代家老を輩出した。その中でも本宗家二十六代斉宣《なりのぶ》の家老となった二十一代久言《ひさこと》（久美《ひさよし》）は藩政改革を依頼され、盟主である秩父太郎季保《すえやす》と共に緊縮財政政策を打ち出した。しかしこの事が斉宣の父重豪《しげひで》の怒りに触れ、久言を含む十三人が切腹させられている。これを「近思録《きんしろく》崩れ」という。久言は切腹の前、既に自らで一度腹を切り、そのまま皆と平然と酒を飲んでいたという。それに気づいた人々は驚きのあまり声も出なかったと伝わる。この時に用いられた短刀は形見として樺山家で大切に保管されている。

樺山氏は島津一族の中でも本宗家に忠実に仕えてきた一族である。そのため樺山氏は藩内一円に広範に分布している。徳之島代官を務めた樺山久武の島での子孫だけでも幕末までに三十家。現代まで見ると、伊仙町長を務めた樺山資敏家など百十二家へ広がっている。垂水の樺山七家の一つ樺山睦夫、英志氏親子は全国の樺山一族を調査し『島津氏流樺山一族全系図』をまとめ上げた。平成三年には縁故の地である宮崎県樺山村に集い、藺牟田領主樺山氏二十八代久孝氏を招き樺山一族会が催された。海軍大将樺山四郎左衛門資紀《すけのり》の孫で、白洲次郎の妻・白洲正子は著名な随筆家である。また家老樺山藤兵衛家の樺山紘一《こういち》氏は世界的にも有名な西洋史研究の第一人者で、東大名誉教授である。

藺牟田領主樺山氏菩提寺は明道山大翁寺《めいどうざんだいおうじ》。宗派は曹洞宗。跡地には樺山久言の墓塔や仁王像、住持墓が残る。また久言の墓塔の横には一体の地蔵菩薩坐像が安置されている。

【略系図】

本宗家四代
忠宗公五男

1 資久（賜日向 三俣院 樺山村）＝ 2 音久（野々三谷城主）ー 3 教宗 ー 4 孝久 ー 5 満久 ＝ 6 長久（移大隅国府 堅利城）＝ 7 信久（移大隅生別府城）ー 8 善久 ー 9 忠助 ー 10 規久 ＝ 11 久高（賜藺牟田）ー 12 久守 ー 13 久辰 ＝ 14 久尚 ＝ 15 久広

16 久清 ー 17 久福 ー 18 忠郷 ー 19 久初 ー 20 久智 ＝ 21 久言（久美）ー 22 久道 ＝ 23 久相 ー 24 久要 ー 25 久徴 ー 26 磐彦 ー 27 不揺磨 ー 28 久孝

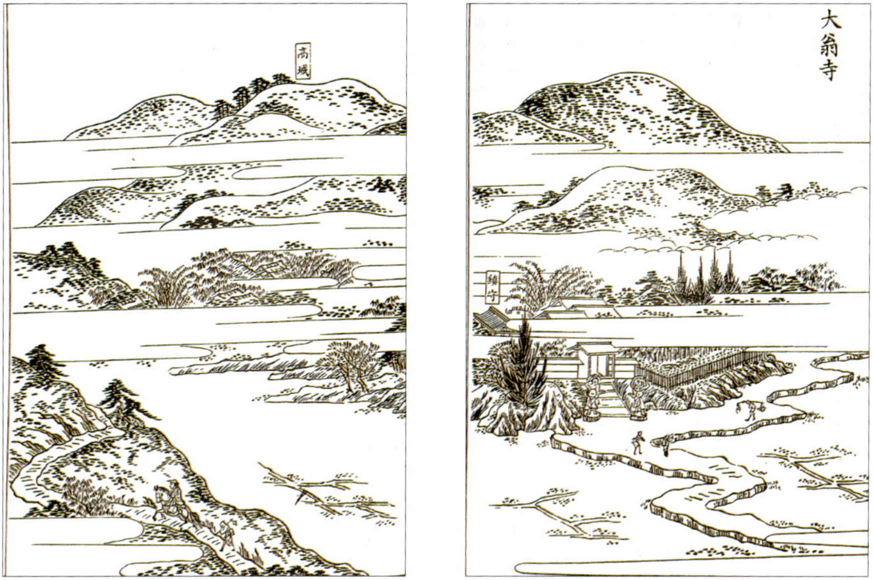

大翁寺全景（『三国名勝図会』）

蘭牟田領主樺山氏菩提寺「大翁寺跡」

樺山久言の五輪塔である。この五輪塔が建立されたのは久言の死から五十年以上経った万延二年。それまで久言の墓塔を建立することは藩から禁じられていた。法名「宗心院殿実相元清大居士」。久言が切腹をした建物はその後百五十年以上残り、祁答院町役場藺牟田支所として使用された後、昭和五十二年に解体された。

二十一代樺山久言（久美） 安永五年《1776》〜文化五年《1808》

樺山久言供養石仏

樺山久言の墓塔の建立が禁じられたため、人々が墓塔の代わりとして建立したと伝わる地蔵菩薩坐像である。人々の久言への想いが詰まった石仏であるためか、廃仏毀釈があったにも関わらず鼻を軽く削がれるだけで済んでいる。

大正十年に二十六代磐彦が建立した蘭牟田樺山氏歴代の合葬墓。
石祠側面に刻まれる「樺山主税久言懐」に、磐彦の久言に対する敬意や無念さを感じる。

「樺山家歴代之墓」（鹿児島市郡元町の郡元墓地）

大翁寺仁王像　寛延四年《1751》造立

20 玉繁寺【喜入肝付氏】

喜入《きいれ》領主肝付《きもつき》氏は島津氏と数百年に渡り争い続けた大隅の戦国大名肝付氏の庶流である。初代兼光《かねみつ》は肝付氏十二代兼忠《かねただ》の三男。父兼忠と長兄国兼《くにかね》が不仲で絶縁状態であったため、これに乗じた次兄兼連《かねつら》は国兼を領外へ追放する。兼光はこれら間に立ち、国兼の復帰を願い出るも取り入れてもらえなかった。それにより兼光は本家と別れ島津氏に帰順し大崎の地に居住した。以降溝辺、加治木と拠点を移し、一時は島津貴久と敵対したものの、加治木の黒川崎において敗北してからは島津氏に忠実に仕えた。そして文禄四年（１５９５）豊臣秀吉による領地替えで喜入へ移封され、喜入肝付氏となった。なお、この喜入移封とほぼ同時期に、肝付氏本家は戦国大名としての地位を失っている。移封以降は、九代久兼《ひさかね》、十代兼柄《かねえだ》が藩の家老職に就いた。十五代兼喜《かねよし》の四男兼戈（尚五郎《なおごろう》）は、安政三年（１８５６）に吉利小松氏の養子となり、後に「小松帯刀清廉《たてわききよかど》」と名を変え、日本を大きく動かしていくことになる。

喜入領主肝付氏菩提寺は鶴頭山不動院玉繁寺《かくとうざんふどういんぎょくはんじ》。宗派は曹洞宗。開山竹居正猷和尚。跡地には七代以降の歴代領主らが眠る。階段に沿って喜入肝付氏一族の墓塔や住持墓が五段にわかれて安置されている。

また階段の先には廃仏毀釈により頭部が失われた地蔵菩薩の石像が安置されており、玉繁寺跡を象徴する風景となっている。台座の銘文によるとこの地蔵菩薩は十代肝付兼柄の姉が、宝暦六年（１７０９）に亡くなった父である九代久兼と母の供養のために同年彫刻したものである。この時兼柄は法華経八巻を石に一文字ずつ書写した一字一石経を納めたという。

【略系図】

肝付氏十六代 三河守兼忠三男

1兼光（住大崎）―2兼固（移溝辺）―3兼演（勝久公賜 加治木）―4兼盛―5兼寛（賜喜入）＝6兼篤―7兼武―8兼屋―9久兼―10兼柄―11兼逵

11兼逵┬12兼伯―13兼満―14兼般―15兼喜（兼善）┬16兼両―17兼睦―18米熊
　　　│　　　　　　　　　　　　　　　　　　　└兼戈（小松氏養子改小松帯刀清廉）
　　　└（二男家）兼甫―兼儔＝兼智―兼備（城下士小番肝付郷右衛門家）

喜入肝付氏墓所「玉繁寺跡」

歴代住持墓

玉繁寺跡の地蔵菩薩坐像

十代兼柄の姉が父母の冥福を祈るために造立させたとされる地蔵菩薩。
石段とこの像が作り出す風景の美しさは言葉にならない。以前は鬱蒼とした林の中にあり雰囲気があったが、近年木々が伐採されその風情が失われつつある。

玉繁寺石段

21 寿昌寺【入来院氏】

鎌倉時代、渋谷《しぶや》氏という氏族に渋谷光重《みつしげ》という人物がいた。宝治合戦で活躍した光重は薩摩国に領地を下賜され、後に「渋谷五族」の祖と呼ばれる五人の子に分け与えた。そのうちの一人である渋谷定心《じょうしん》が祖となったのが入来院氏である。定心の下向以降清色城《きよしきじょう》（現在の入来小学校後方）を拠点に活動し、何度も島津本宗家と争った。南北朝時代には南朝方につくも敗北。その後も抵抗するが本宗家七代元久らに鎮められ清色城まで失ってしまう。その後島津に帰順し、十一代重聡《しげさと》の娘は本宗家十五代貴久に嫁ぎ、義久、義弘らを生んでいる。これにより勢力を拡大したが、十二代重朝《しげとも》の代に入来院氏の領地拡大を警戒した貴久との間に不和が生じ両者は再び対立する。結局永禄十二年（1569）降伏し、以降島津氏に背くことはなかった。十五代重時《しげとき》の代に湯之尾に領地替えされるも、十六代重高《しげたか》の代には入来へ復帰。累代本宗家の重臣として活躍し明治を迎えた。入来のシンボルである茅葺門で知られる入来院氏住宅は本家ではなく、二男家の家老入来院五郎兵衛重識《しげとき》家の邸宅である。二男家当主重朝氏の妻であり入来文書研究家の故貞子《ていこ》氏は入来薪能《たきぎのう》を主催していた。

　入来院氏菩提寺は龍游山寿昌寺《りゅうゆうざんじゅしょうじ》。宗派は曹洞宗。開山通峰。跡地には歴代領主の墓塔や石祠が並ぶ。石祠の内部にある墓塔には当時の色彩が残っており、中には金箔が残るものもある。歴代領主、歴代住持墓後方の山中に一基の五輪塔がある。入来にはこの五輪塔が篤姫の異母妹（二十九代公寛《きみひろ》後妻）の墓塔であるという話が伝わっている。しかし刻まれている戒名の「梅玉明心大姉」は十八代重頼《しげより》室の戒名であり、型も江戸時代の中頃に見られる型であるため、墓塔が篤姫の異母妹のものである可能性は低い。なお隣接する蓮昌寺《れんしょうじ》跡に十六代重高の墓所が存在する。

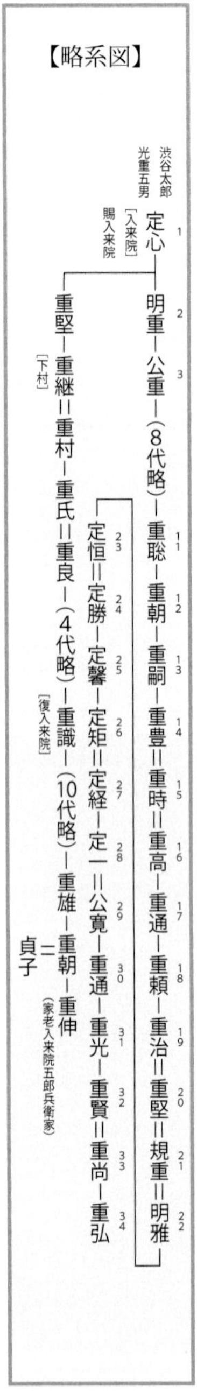

寿昌寺伽藍（『三国名勝図会』）

入来院氏墓所「寿昌寺跡」

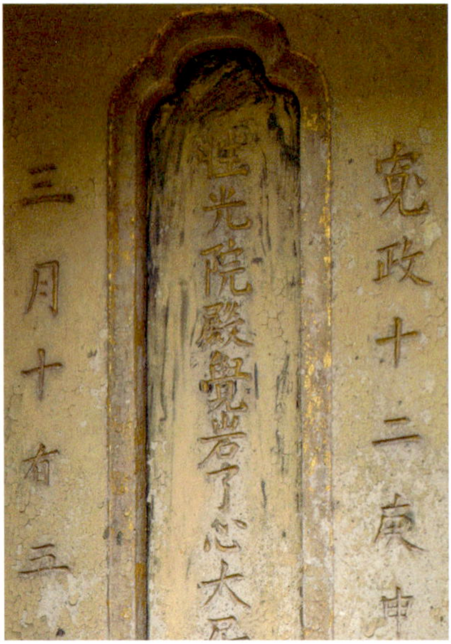

墓塔に残る当時の色彩や金箔（二十六代定矩墓）

右：初代定心　？～寛元四年《1246》（墓塔は寛文六年《1666》再興）

十八代重頼室「梅玉明心大姉」　？～承応二年《1653》

十六代重高（蓮昌寺跡） 天正七年《1579》～正保四年《1647》

蓮昌寺跡後方の竹林の中に佇む重高の墓塔。
火輪がソロバンの珠の形をしているのは鹿児島県内でこの五輪塔のみだという。
重高の四十九日法要の日に四人の家臣が殉死しており、ここにはその四人の墓塔も存在する。
重高の戒名は蓮昌寺殿大円月鑑庵主。

歴代住持墓

22

園林寺【吉利小松氏】

吉利《よしとし》小松氏は鎌倉時代初め、初代清重《きよしげ》が大隅国禰寝《ねじめ》南俣院の地頭となり「禰寝」を称したのに始まる。時には島津氏と敵対することもあったが、天正元年（1573）十六代重長《しげたけ》の代に島津氏に服属した。そして文禄四年(1575)豊臣秀吉の島津氏家臣の領地換え政策により日置市吉利へ移り、それまでの領主であった吉利氏に替わり同地を治めることとなった。その際十七代重張《しげひら》は旧領地であった禰寝をしのび、吉利郷内の地名を禰寝と同じ地名に改めた。そのため現在も吉利と根占は同じ地名が多いという。「小松」に改姓したのは二十四代清香《きよたか》で、これは初代清重の先祖であるとされている平重盛《たいらのしげもり》が「小松内大臣」と呼ばれていたことにちなむ。

特筆すべき人物に二十九代小松帯刀清廉《たてわききよかど》がいる。清廉は若くして頭角を現し、安政二年（1855）江戸詰となり藩主斉彬《なりあきら》の薫陶を受けた。斉彬が亡くなった後も久光から側近として重用される。文久二年（1862）には正式に家老に任ぜられ、軍備・財政全ての総責任者となり、さらに城代にも就任する。その後小松は藩政だけにとどまらず、明治維新においても多大な功績を残した。薩長同盟の際は藩主忠義《ただよし》や藩の実質の最高権力者であった久光と西郷、大久保らの間に立ち、同盟の成立に大きく貢献。同盟の締結場所は「御花畑」と呼ばれた京都の小松の寓居であった。またその後の大政奉還も小松なしでは実現できなかった。日本の歴史を陰で大きく動かした小松帯刀であったが、病に倒れ明治三年（1870）三十六歳の若さで世を去った。

菩提寺は清浄山園林寺《せいじょうざんおんりんじ》。宗派は曹洞宗。開山了巌玄明和尚。跡地は吉利小松氏歴代領主の墓所となっている。痛々しい傷の残る石仏が多く残り、廃仏毀釈《はいぶつきしゃく》という出来事を肌で感じることができる寺院跡である。

【略系図】

小松内大臣 平重盛―（2代略）―1 清重［禰寝］領大隅禰寝院―（15代略）―17 重張 吉利御移―18 重政＝19 福寿丸＝20 重永―21 清雄＝22 清純―23 清方―

24 清香［小松］＝25 安千代―26 清行―27 清穆―28 清猷＝29 清廉（帯刀）―30 清直―31 帯刀

32 重春＝33 従志―34 晃道―35 道生―36 活也

園林寺遠景（『三国名勝図会』吉利十二景の一部）

「吉利十二景」は二十六代清行が吹上町にある久多島神社裏の浜から見た十二の風景を絵に描かせ、それに平松時章による和歌を付したもの。園林寺は「園林晩鐘」の題で和歌が詠まれている。
絵図に山門へとのびる階段が描かれているが、現在の園林寺跡も高台にある。

吉利小松氏墓所「園林寺跡」

清香は祖先や神仏を崇拝した人物で、宝暦十一年に「小松」と改姓したのも祖先の「小松内大臣」平重盛を敬うためであったとされる。
「しんこ団子」発祥の地である日置市の深固院跡には清香が建立した「幽遠山深固院碑」が残り、また清香の命で写した「吉利郷惣絵図」が日置市指定文化財となっているなど文化面で様々なものを残した。藩の家老となり長く藩の中枢にいた人物でもある。

二十四代清香　正徳四年《1714》～天明六年《1784》

近年その活躍が見直され、再評価されているためか清廉の墓を訪れる人が絶えない。常に綺麗な花が供えられ、参拝者のための線香まで用意されている。小松帯刀人気のおかげで駐車場やトイレまで新たに完備され、園林寺跡は県内の寺院跡の中でも屈指の知名度を誇るまでになった。
小松帯刀清廉は幕末の藩政、明治維新での活躍だけでなく、現代にも多大な影響を与えている。

二十九代帯刀清廉　天保六年《1835》～明治三年《1870》

奇跡的に残された三尊仏（一部破損） 宝暦十年《1760》造立

廃仏毀釈により激しく破壊された石仏

住持墓群

23 高月院【佐土原島津家】

佐土原《さどわら》島津家は薩摩藩の支藩とされる佐土原藩の藩主を務めた島津氏支族である。初代は島津以久《ゆきひさ》（征久）。関ケ原合戦後、鹿児島を安堵された島津氏は、島津豊久《とよひさ》の死により幕府預かりとなっていた佐土原の回復に向けた運動を展開する。中でもこれに積極的であったのが垂水家二代島津以久であった。以久は独立した豊臣大名として本宗家と対等に遇せられた島津家久、豊久に対してライバル意識を持ち、島津氏家臣から独立して大名となる願望が強かった。慶長七年（１６０２）本宗家十八代家久（忠恒《ただつね》）と共に上洛した際に佐土原の所領安堵を働きかけ、さらには徳川家康の機嫌を取るため豊臣秀吉から拝領していた楢柴《ならしば》の茶壷を献上したとされる。その甲斐あってか慶長八年（１６０３）以久は家康より正式に日向佐土原三万石を安堵され、佐土原藩が成立した。以久は幕府による駿府城《すんぷじょう》や丹波篠山城《たんばささやまじょう》の普請《ふしん》に参加。二代忠興《ただおき》以降も江戸城や大坂城の再建に参加した。しかしこれらが三万石の実力を超えていたため、深刻な藩財政の悪化を招いた。財政悪化は藩内における様々な対立を生み、お家騒動である「松木騒動」や「鴫之口《しぎのくち》騒動」と呼ばれる文学派と武道派の争いなどが起こった。まとまらない藩政に加え、大火や天災も相次いだため財政は幕末まで悪化の一途を辿る。結局十代忠寛《ただひろ》の代に本宗家の家老調所広郷《ずしょひろさと》による天保の改革を頼ることでようやく財政を再建した。

佐土原島津家菩提寺は大池山青蓮寺高月院《だいちざんしょうれんじこうげついん》。宗派は浄土宗。開山貞安上人。本堂裏が佐土原島津家歴代当主の墓所となっている。佐土原藩は廃仏毀釈の際、一宗派一寺院を残した。そのため現在も高月院をはじめとした古寺が残る。なお以久の墓所は京都府東山区の大雲院《だいうんいん》（非公開）、明治以降の当主は東京都渋谷区の東北寺《とうぼくじ》にも墓所が存在する。

【略系図】

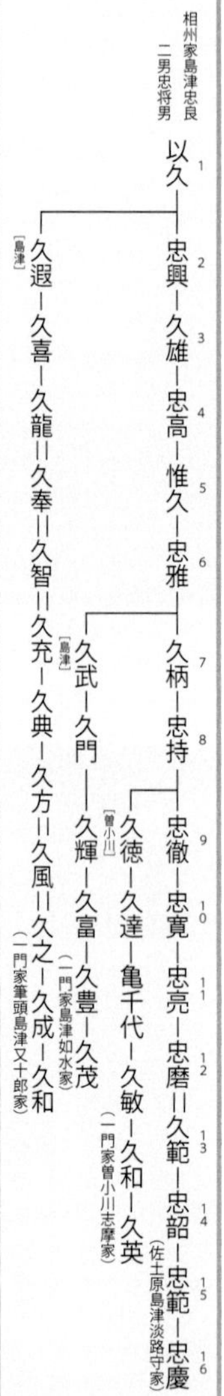

佐土原島津家菩提寺「高月院」

佐土原島津家墓所

十代忠寛 文政十一年《1828》～明治二十九年《1896》

初代以久　天文十九年《1550》～慶長十五年《1610》

地蔵菩薩立像

江戸時代から明治時代頃までの歴代藩主墓（五輪塔）が並んでおり、時代による型の変化を見ることができる。初代以久のものはこじんまりとしているが、徐々に大きくなり十代忠寛のものは頭が異様に長くなっている。
各藩主墓には一体ずつ地蔵菩薩が奉納してあり、それぞれ違った表情で面白い。

歴代住持墓

五代惟久、六代忠雅墓所「仏日山大光寺」

24 玉里島津家

島津久光（忠教《ただゆき》）は文政八年一門家筆頭重富島津忠公《ただきみ》の養子となり、重富家を相続していた。しかし安政五年兄の本宗家二十八代斉彬《なりあきら》の急死により嫡男忠義《ただよし》が藩主になるや、自ら重富家を三男忠鑑《ただあき》（珍彦《うずひこ》）に譲り本宗家に復帰。文久元年（１８６１）藩主後見として「国父《こくふ》」に就任し、藩主をしのぐ絶大な権力を誇った。しかし、久光の行動は、斉彬の思想に大きく規定されていた。つまり天皇中心の国家の構想であり、それを実現するために藩の勢力を分散させることなく、一丸となって行動するというものであった。文久二年（１８６２）の卒兵上京以降、幕末の中央政界において大きな政治力を発揮し、明治維新を迎えた。維新後の明治四年（１８７１）久光は政府から十万石を賜り本宗家から再分家。こうして成立したのが玉里《たまざと》島津家である。久光は明治十七年（１８８４）に本宗家とは別に公爵位を受爵。明治二十年（１８８７）に亡くなり、国葬をもって送られた。その際玉里邸に黒門が設けられ、さらに国道三号までのびる「国葬道路」も整備された。

「玉里」の名は久光が居住していた下伊敷村の玉里邸に由来する。玉里邸は本宗家二十七代斉興《なりおき》が天保六年（１８３５）に構えた別邸で、仙巌園《せんがんえん》にも劣らない広大な邸宅があったが西南戦争及び太平洋戦争により焼失。現在は鹿児島女子高等学校となっている。しかし庭園や長屋門、茶室が現存し、庭園は「旧島津氏玉里邸庭園」として国の名勝にされている。また隠居後の久光が収集、研究した島津氏に関する大量の文書が「玉里島津家文書」として今に伝わっている。

久光及び二代忠済《ただなり》の墓所は本宗家と同じ福昌寺跡。三代忠承《ただつぐ》の墓所は東京都文京区の護国寺にある。

【略系図】

1 久光（斉興公三男　万延三年藩主忠義後見　別立国父玉里島津家）
- 忠義（斉彬嗣藩主二十九代）
- 忠欽（初今和泉家養子　復家玉里分家）―忠実―忠正―忠昭―忠寛（玉里分家）
- 2 忠済―3 忠承―4 忠広―5 忠美―6 忠由（公爵玉里島津家）

初代久光　文化十四年《1817》〜明治二十年《1887》（福昌寺跡）

国指定名勝「旧島津氏玉里邸庭園」

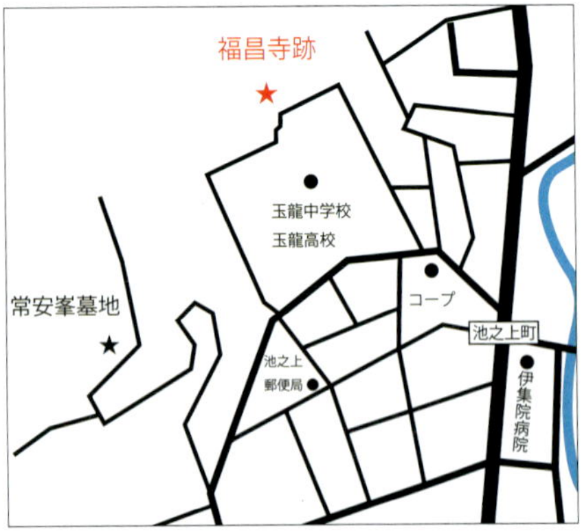

①島津本宗家「福昌寺跡」

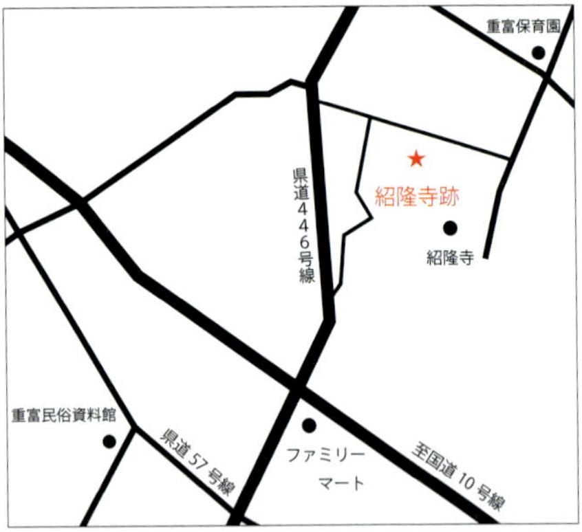

②重富（越前）島津家「紹隆寺跡」

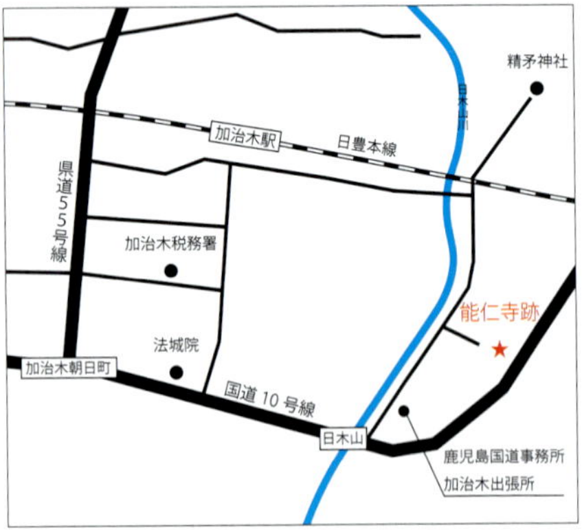

③加治木島津家「能仁寺跡」

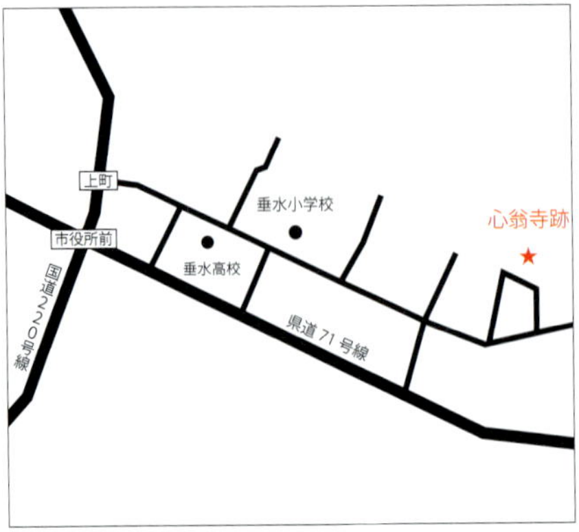

④垂水島津家「心翁寺跡」

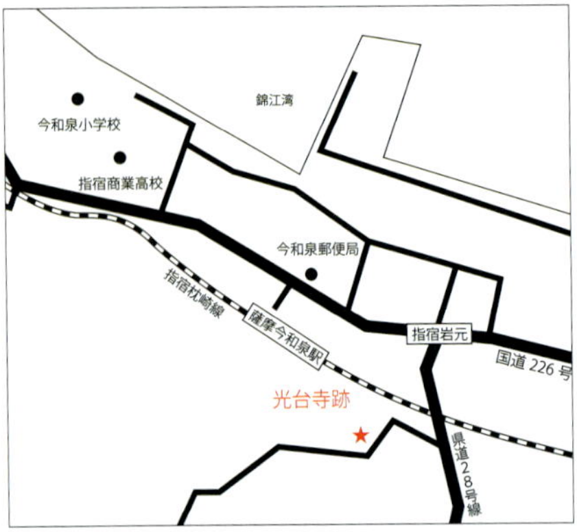

⑤今和泉島津家「光台寺跡」

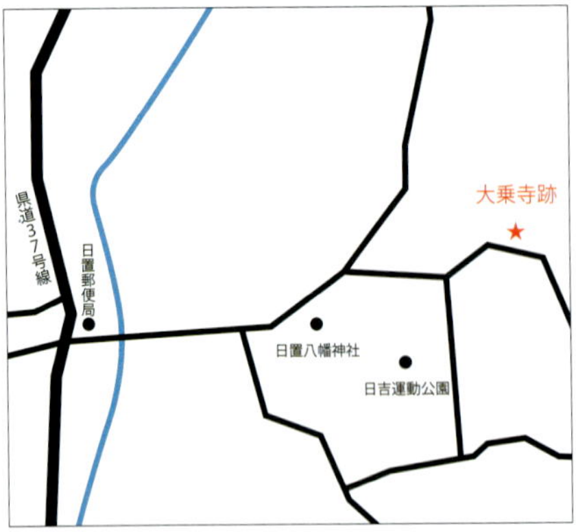

⑥日置島津家「大乗寺跡」

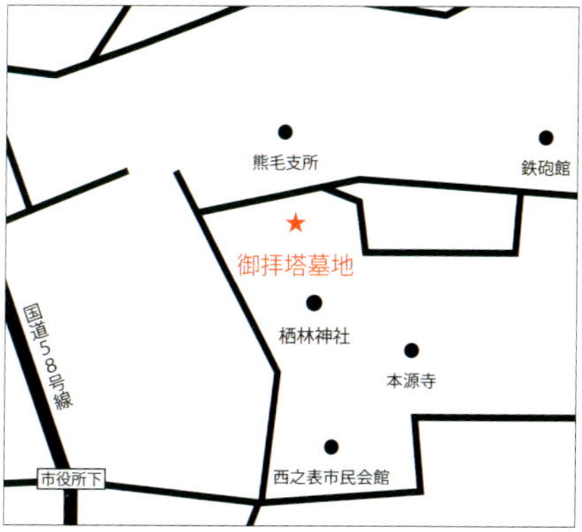

⑩種子島氏「御拝塔墓地」

⑦花岡島津家「真如院跡」

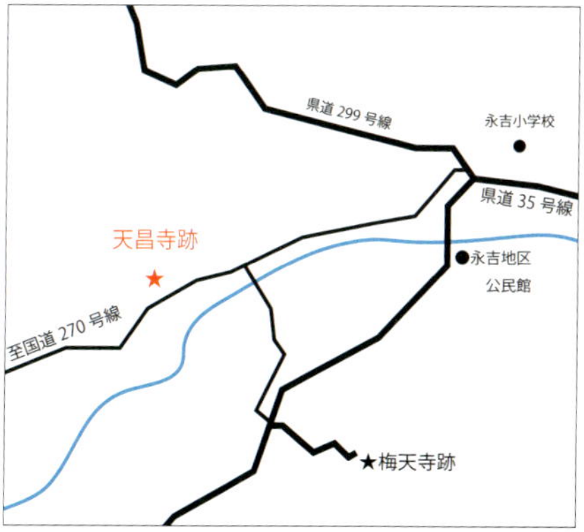

⑪永吉島津家「天昌寺跡」

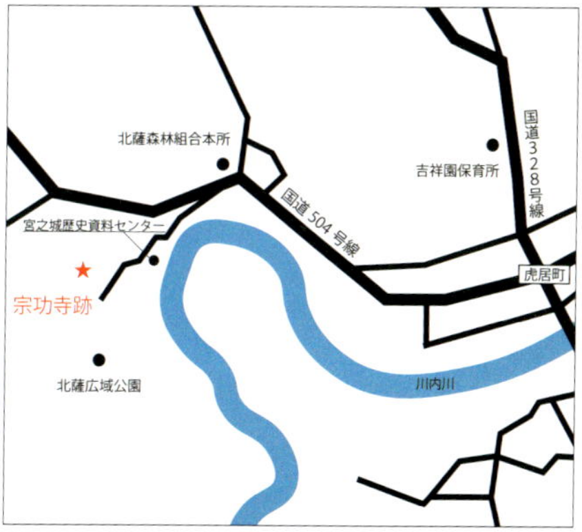

⑧宮之城島津家「宗功寺跡」

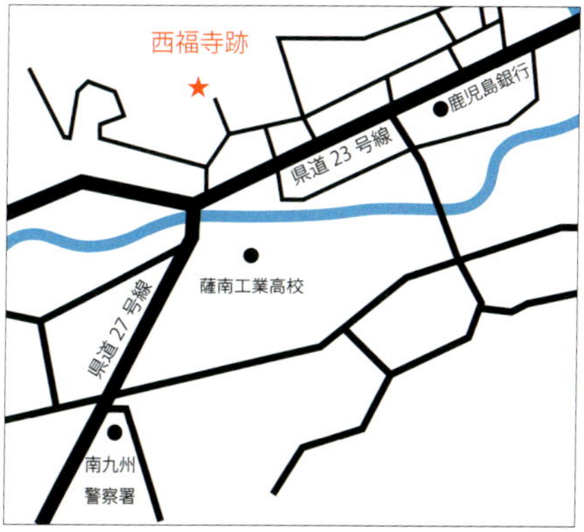

⑫知覧島津家「西福寺跡」

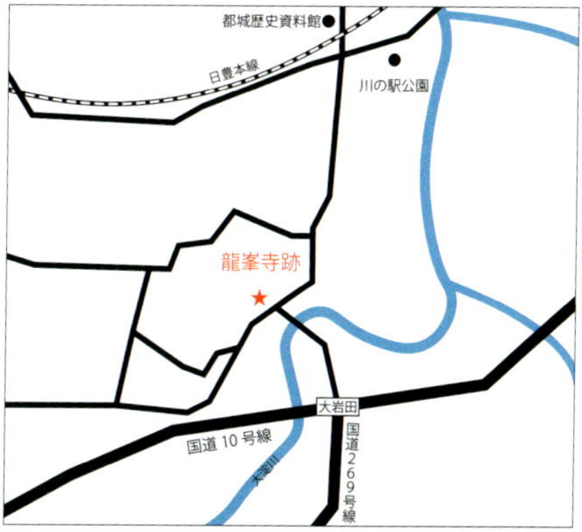

⑨都城島津家「龍峯寺跡」

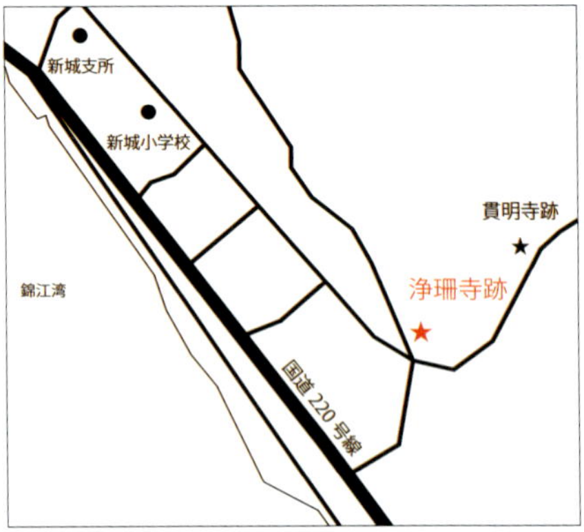

⑬新城島津家「浄珊寺跡」

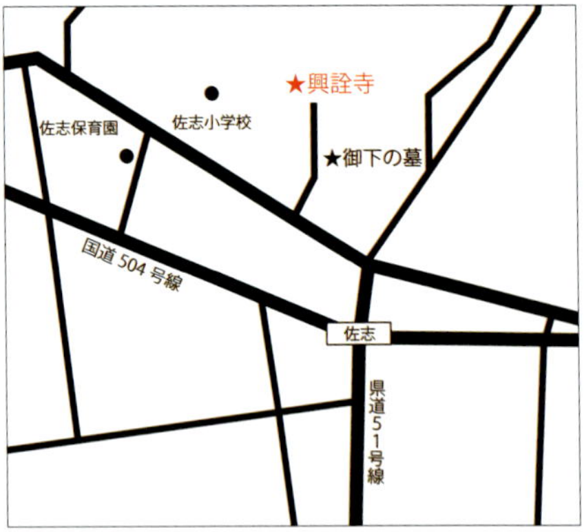

⑭佐志島津家「興全寺跡（現・興詮寺）」

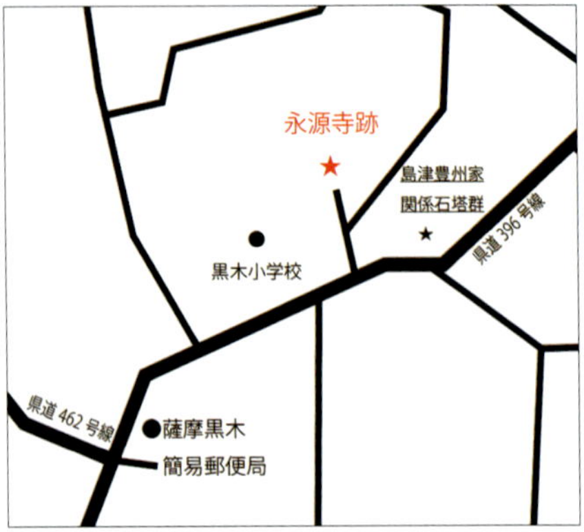

⑮豊州島津家「永源寺跡」

⑯市成島津家「瑞慶庵推定地」

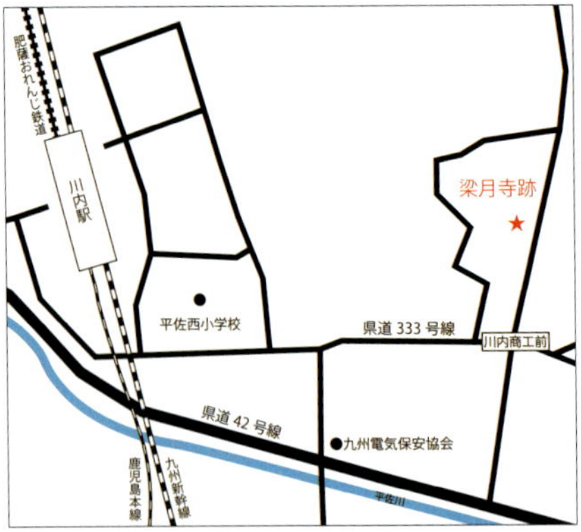

⑰平佐北郷氏「梁月寺跡」

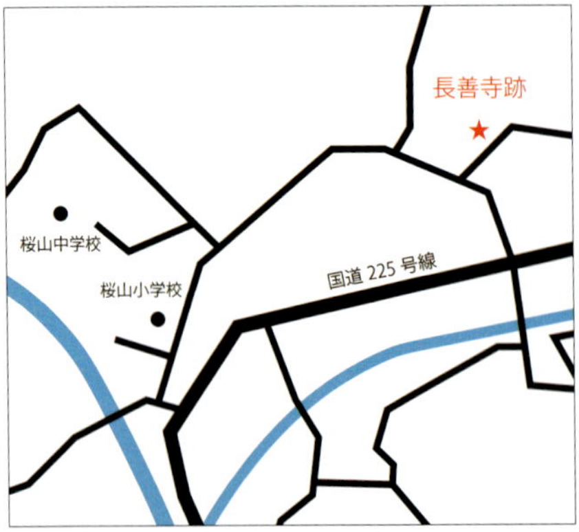

⑱鹿籠喜入氏「長善寺跡」

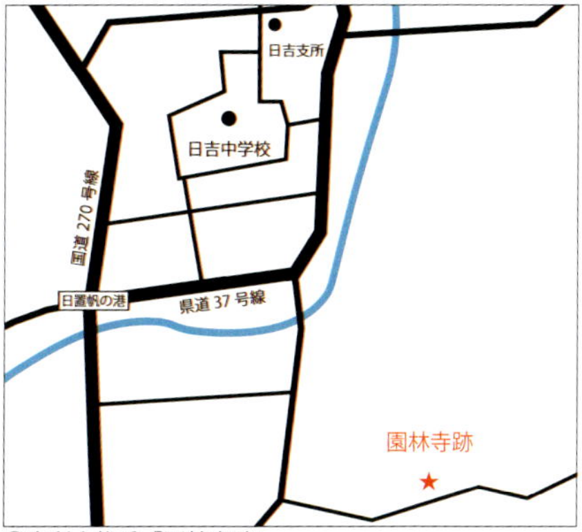

㉒吉利小松氏「園林寺跡」

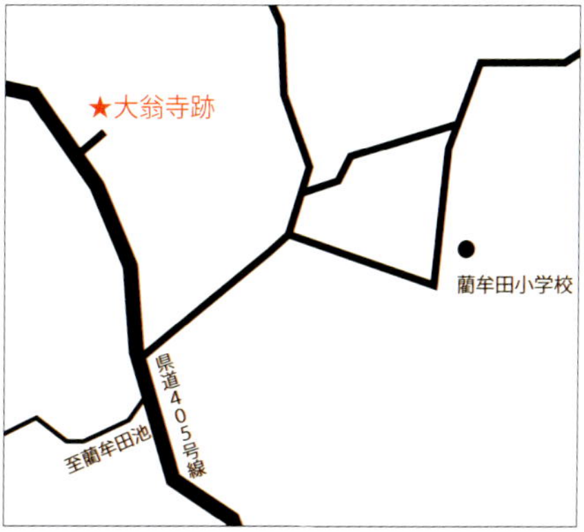

⑲蘭牟田樺山氏「大翁寺跡」

㉓佐土原島津家「高月院」

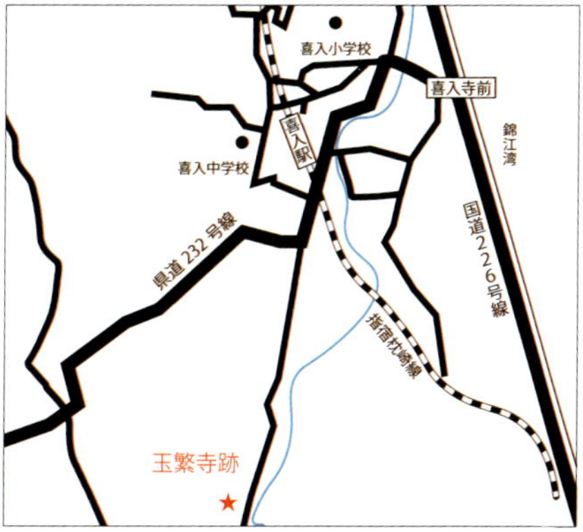

⑳喜入肝付氏「玉繁寺跡」

㉔玉里島津家「旧島津氏玉里邸庭園」

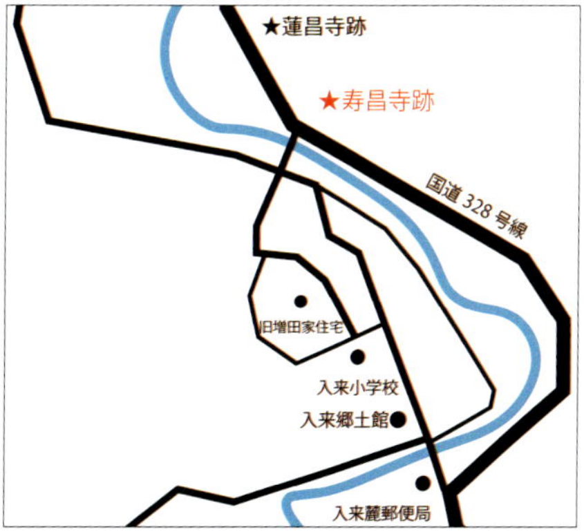

㉑入来院氏「寿昌寺跡」

■主な参考文献（順不同）

・「本藩人物誌」『鹿児島県史料集』第十三集　鹿児島県史料刊行委員会　一九七三年
・「鹿児島市寺院跡」『鹿児島市文化財調査報告書（7）』鹿児島市教育委員会　一九九一年
・「姶良町寺院跡」『姶良町文化財調査報告書（3）』姶良町教育委員会　二〇〇三年
・『川内の古寺院』川内郷土史研究会　一九九二年
・『垂水市史料集（四）石塔編』垂水市史料集編さん委員会　一九八二年
・『島津豊州家指掌録』黒岡久尚
・『島津義弘の軍功記』増補改訂版　島津修久　島津顕彰会　二〇一四年
・『永吉郷土史』天昌尋常高等小学校編　一九三八年
・『鹿児島藩の廃仏毀釈』名越護　南方新社　二〇一一年
・『松寿院　種子島の女殿様』村川元子　南方新社　二〇一四年
・『近世・奄美流人の研究』箕輪優　南方新社　二〇一八年
・『島津家家臣団系図集』野田幸敬　南方新社　二〇一九年
・『島津久光＝幕末政治の焦点』町田明広　講談社　二〇〇九
・『島津四兄弟の九州統一戦』新名一仁　宮下英樹　講談社　二〇一七年
・『島津重豪』芳即正　吉川弘文館　一九八〇年
・『島津斉彬』芳即正　吉川弘文館　一九九三年
・『龍馬暗殺』桐野作人　吉川弘文館　二〇一八年
・『佐土原興亡史』末永和孝　鉱脈社　二〇一一年
・『都城島津家墓地　その歴史と変遷・全調査の記録』佐々木綱洋　鉱脈社　二〇一一年
・『九州諸藩という歴史』ドリームキングダム編集部　二〇一八年
・『薩摩藩経済官僚　回天資金を作った幕末テクノクラート』佐藤雅美　一九八六年
・『上井覚兼日記』増田逸彦　永吉南郷会　一九八九年
・『乱世に生きる　島津豊久の生涯』三木靖監修　島津豊久公顕彰会編
・『三国名勝図会』青潮社　一九八二年
・「島津一族の基礎知識」『歴史研究』第４７５号　三木靖
・「薩摩藩の家臣配置と島津一族」『家系研究』第１６号　野田幸敬
・「反西郷方の勇　末弘直方」『家系研究』第６４号　野田幸敬
・「島津氏「支流系図」に関する考察　名字・実名字規制及び家格と記録所を中心に」『黎明館調査研究報告１９』林匡　二〇〇六年
・「薩摩藩家老の系譜」『黎明館調査研究報告２７』林匡　二〇一五年
・「島津本家における近世大名墓の形成と特質」『縄文の森から』第２号　松田朝由　鹿児島県埋蔵文化財センター　二〇〇四年
・「日置島津と垂水島津　系譜と家格をめぐって」『鹿児島女子大学研究紀要』五味克夫　一九九五年
・『各市町村郷土史』各市町村郷土史編纂委員会

■著者プロフィール

川田達也（かわだ　たつや）

1988年鹿児島県鹿児島市生まれ。2012年京都府立大学文学部を卒業。大学在学中、京都の神社仏閣や風景の撮影にのめり込む。鹿児島の廃仏毀釈を知り、卒業後に帰郷。以来鹿児島の古寺跡、風景を撮り続けている。

鹿児島古寺巡礼
―島津本宗家及び重要家臣団二十三家
由緒寺跡を訪ねる―

二〇一八年十月二十日　第一刷発行

著　者　川田達也
発行者　向原祥隆
発行所　株式会社 南方新社
〒八九二―〇八七三
鹿児島市下田町二九二―一
電話 〇九九―二四八―五四五五
振替口座 〇二〇七〇―三―二七九二九
URL http://www.nanpou.com/
e-mail info@nanpou.com

印刷・製本　株式会社イースト朝日
定価はカバーに表示しています
乱丁・落丁はお取り替えします
ISBN978-4-86124-387-5 C0025